W0349965

Karsten Massei

Botschaften der Elementarwesen

Karsten Massei

Botschaften der Elementarwesen

Mit Bildern von Franziska van der Geest

FUTURUM

1. Auflage 2013

© 2013 Futurum Verlag, Basel

Alle Rechte, auch die des auszugsweisen Nachdrucks, der fotomechanischen und elektronischen Wiedergabe, vorbehalten.

Satz: Verlag
Einbandgestaltung: Verlag, unter Verwendung eines Bildes von
Franziska van der Geest, «Die Seele an der Schwelle zur geistigen Welt»

Druck und Bindung: fgb, freiburger graphische betriebe, Freiburg

Printed in Germany

ISBN: 978-3-85636-236-2
www.futurumverlag.com

Inhalt

I Einleitung 9

II Die Wesen der elementaren Welt 13

Die Elementarwesen 15

Die vier Elemente 19

Elementarwesen und das Reich der Engel 25

Elementarwesen im Jahreslauf 29

III Elementarwesen des Wassers 33

Quellenwesen 35

Elementarwesen des Flusses 38

Das Meer 44

IV Die Elementarwesen der Pflanzen 47

Der Pflanzenengel 49

Die Sprache der Pflanzen 53

Pflanzen und Mensch 55

Die Pflanzenmutter und die Elementarwesen der Pflanzen 57

Die Elementarwesen der Kräuter 61

Über die Heilkraft der Pflanzen 64

Das hohe Wesen einzelner Pflanzen 67

Das Wesen verschiedener Baumgeister 70

V Die Elementarwesen der Bienen 81

Einleitung 83

Der Bienerich 85

Der Bienerich und der Tag-Nacht-Zyklus 86

Der Bienerich und der Imker 88

Meine Begegnung mit dem Bienerichwesen 94

Der Weg des Bienerichs zu den Menschen 98

Die Geburt eines Bienerichs 100

Jahreszyklus des Bienerichs 103

Botschaft der Bieneriche 109

Der Wabenmeister und das Honigwesen 112

Elementarwesen am Bienenstock 115

Der Bienenflug 120

Die Wirkung der fliegenden Bienen
unter den Elementarwesen 122

Der Imker und seine Völker 124

Ein Bild der zukünftigen Seele 130

VI Elementarwesen und der Tod des Menschen 133

VII Übungswege 137

Voraussetzungen 139

Wahrnehmen 145

Denken 150

Nachbilder 160

Zeichen 164

Schauen 166

Klang der Erde 168

VIII Pflege der Erde 171

Das Wesen der Landschaft 173

Pflege der Landschaft 178

Das Hören mit dem Herzen 186

Gaben des Grals 190

IX Die 24 Sprüche 195

Herkunft der Sprüche 197

Die vierundzwanzig Sprüche 201

X Zu den Bilder von Franziska van der Geest 227

I Einleitung

In diesem Buch werden zahlreiche Beobachtungen geschildert und Zusammenhänge dargestellt, die für die gewöhnlichen Sinne nicht wahrnehmbar sind. Vor allem wird es darum gehen, Blicke auf das Leben der Elementarwesen zu werfen. Der Grund liegt darin, dass sie wichtige Aufgaben zu erfüllen haben für die Entwicklung der Erde und verstärkt wünschen, wieder mit den Menschen zusammenzuarbeiten.

In vielen Menschen lebt unübersehbar der Wunsch nach tieferen Einsichten in die Daseinsgeheimnisse der Dinge und Wesen der Erde. Sie tragen ein Verlangen in sich, durch sich selbst zur Wahrnehmung der Lebenszusammenhänge zu kommen. Sie wollen nicht mehr einfach Wissen übernehmen und anhäufen, sondern suchen nach Erfahrungen, die ihnen ermöglichen, wirklich eigene, aus sich selbst geschöpfte Erkenntnisse zu erlangen. Für viele Menschen reichen bloße Gedanken nicht mehr, Gedankliches will real erfahren werden.

Indem man dieses Bedürfnis in sich entdeckt, beginnt man sich von dem, was man bisher gelernt hat, unabhängig zu machen. Man bemerkt, dass das Wissen, auf dem die eigene Weltsicht beruht, zwar eine wesentliche Grundlage der eigenen Person darstellt, aber auch hemmend wirken kann. Kenntnisse, die man angesammelt hat, tragen in sich die Gefahr, eigene, neue Erfahrungen zu verhindern. In der Begegnung mit einem Wesen, einer Pflanze oder einem Tier, kann man nicht auf die Offenbarung der Geheimnisse hoffen, wenn man nicht vergisst, was man über dieses Wesen bereits weiß. Unvoreingenommenheit ist eine Voraussetzung für das Sammeln neuer Erfahrungen. Diese können sich nur einstellen, wenn man lernt, sich der «Führung» des Wesens anzuvertrauen, das man kennenlernen möchte. Zu schildern, was man unter dieser «Führung» zu verstehen hat und wie man sich vorbereiten kann, sich ihr anzuvertrauen, ist eines der wichtigsten Motive, die zu diesem Buch geführt haben.

Ich bin mir bewusst, dass hier viele Erfahrung mitgeteilt werden, die nur schwer in Worte zu fassen sind. Mir scheint, wir sind erst langsam dabei, Begriffe zu finden, um geistige Erfahrungen exakt zu beschreiben. Die Sprache ist in vielen Fällen noch nicht in der Lage, das zu erfassen, was sich durch die übersinnliche Wahrnehmung mitteilt. Ich habe aber die Hoffnung, dass sich in Zukunft die Sprache so erweitern wird, dass sich in ihr geistige Erfahrungen differenziert darstellen lassen.

Es besteht die Gefahr, dass Hinweise als Rezepte verstanden werden. Dadurch beraubt sich der Handelnde seiner ureigenen kreativen Kraft. Meine Forschungsarbeit ist aber von dem Vertrauen in die Kraft der eigenen Erkenntnis getragen. Erkenntnissuche soll den Raum schaffen, in dem sich wirkungsvolle Lösungen einstellen können. Im Kern eines Problems liegt immer auch seine Lösung. Sie lässt sich nicht erzwingen, man kann sich aber vorbereiten, damit man den Augenblick nicht versäumt, in dem die Idee zu einer Lösung auftaucht. Man kann nie wissen, worin eine Lösung bestehen wird, man kann sie jedoch erwarten. Dadurch vertraut man aber der Fähigkeit, selbst zu erkennen.

II Die Wesen der elementaren Welt

Die Elementarwesen

Elementarwesen sind geistige Wesenheiten. Sie besitzen keinen physischen Leib, gehen aber dennoch eine tiefe Verbindung mit der physischen Welt ein. Sie sind nicht wie Menschen, Tiere, Pflanzen und Mineralien unmittelbar von einer physischen Hülle umgeben. Ihre Verbindung mit der physischen Welt ist um vieles lockerer, doch sind sie maßgeblich am Erbilden der physischen Welt beteiligt. Zu ihren wichtigsten Aufgaben gehört es, die Lebensbedingungen zu erschaffen, welche die Wesen, die eine physische Leiblichkeit besitzen, auf der Erde vorfinden. Das können sie gerade deshalb, weil sie nicht an eine physische Leiblichkeit gebunden sind. Die Elementarwesen gehen ganz in der Hervorbringung der sinnlichen Welt auf. Daher bleiben sie auch verborgen. Indem sie sich dem Sinnlichen entziehen, können sie es hervorbringen. Ihre Unsichtbarkeit ist Ausdruck ihrer Hingabe, ihres Dienstes.

Die Lebenssphäre der Elementarwesen schließt unmittelbar an die der physischen Welt an. Man nennt diese Sphäre die ätherische Welt. Aus dieser ätherischen Welt geht die physische Welt hervor. Alles, was der Mensch durch seine Sinne auf der Erde wahrnimmt und entdeckt, hat seinen Ursprung in der lebendigen Wirksamkeit der Wesen, die die ätherische Welt bewohnen. Auge, Gehör, Geschmack, Geruch und Tastsinn sind nicht dazu geeignet, diese Wesen selbst unmittelbar wahrzunehmen. Sie entziehen sich der Sinneswahrnehmung. Mittelbar sichtbar werden sie jedoch durch ihre Wirksamkeit, durch das, was sie in der sinnlichen Welt hervorbringen.

Die ätherische Welt ist von weisheitsvollem Leben durchdrungen. Die Ordnungen und Gesetze, die man ahnt, wenn man die Dinge der sinnlichen Welt auf sich wirken lässt, und die man erkennen kann, wenn man sich aus der Kraft des Denkens diesen Phänomenen widmet, sind Ausdruck dieser Weisheit. Die Elementarwesen wirken aus dieser Weisheit. Sie leben in und aus ihr. Unseren gewöhnlichen Sinnen ist der unmittelbare Zugang zu dieser Weisheit versperrt. Dafür schauen wir in die sinnliche Welt, in der diese Weisheit in Erscheinung tritt. Indem man sich Vorstellungen oder Erlebnisse von dieser den Sinneserscheinungen innewohnenden Weisheit verschafft, begegnet man dem Wirken der Wesen der elementaren Welt. Man erfährt so die übergeordneten Kräfte, die auch für sie maßgeblich sind. Sie sind an dem Prozess beteiligt, durch den die Sinnestatsachen gestaltet werden, also erscheinen. Indem man die Weisheit erahnt, die durch die Sinneswelt hindurchleuchtet, erahnt man die Quelle, aus der die Wesen der elementaren Welt schöpfen. Ihr Dasein gründet im unmittelbaren Durchdrungensein von der Weisheit, die als geistige Quellkraft allem Sinnlichen zugrunde liegt. Elementarwesen sind weisheitsdurchdrungen. Sie schauen aber auch in das Reich der Menschen. Es gibt viele Wesen unter ihnen, die im Menschen einer Qualität begegnen, die wir mit dem Begriff der Spontaneität oder der Freiheit bezeichnen. Man kann sagen, dass ihnen das, was man mit diesen Begriffen bezeichnet, in der gleichen Art fremd und unerreichbar ist, wie für uns die Weisheit, die unter ihnen lebendig ist. Sie sind in diesem Sinn Lehrer der Menschen, wenn es um die Weisheit der Erde geht, wir sind für sie aber Lehrer, wenn es um die Freiheit geht.

Die Wesenheiten, die die elementare Welt erfüllen, sind sehr vielfältig. Sie beleben, durchatmen, durchklingen und durchwärmen die gesamte irdische Welt. Der Sinnesteppich erscheint, weil eine unübersehbare Zahl von Wesenheiten unermüdlich damit beschäftigt ist, ihn zu bilden. Es gibt nichts auf der Erde, das wesenlos wäre. Alles, was ins Sinnliche hineinragt, geht aus der Wirksamkeit von Wesen hervor, die in der elementaren Welt leben. Die Sinneswelt ist gewoben aus dem Dasein der Elementarwesen.

Die Elementarwesen erfüllen, was ihnen aufgetragen ist, mit Hingabe. Man kann dieser Hingabe gewahr werden, indem man auf die Sorgfalt, die Gesetzmäßigkeiten und die Schönheit der physischen Welt achtet. Wer die Gabe hat, Elementarwesen bei ihrer Arbeit zu beobachten, wird bezeugen können, dass die Erde durch die Liebestaten dieser Wesen in Erscheinung tritt.

Elementarwesen leben an der Schwelle zwischen der sinnlichen und der geistigen Welt. Sie gehören dadurch, dass die sinnliche Welt durch ihre Tätigkeit zur Erscheinung kommt, beiden Dimensionen an, der sinnlichen und der geistigen. Das gesamte irdische Dasein beruht auf ihrem stillen, ununterbrochenen und treuen Wirken. Sie tragen als eine große und vielfältige Gruppe geistiger Wesen die Gesamtheit der Erde. Sie tragen den für uns wahrnehmbaren Raum durch die Zeit. Sie sind als eine Wesensgruppe Bewahrer der Erde, der Zeit und des Raumes.

Man kann davon ausgehen, dass es keine Erscheinung der sinnlichen Welt gibt, die nicht belebt wäre durch Geister der elementaren Welt. Das gilt für die Mineralien, die Pflanzen und die Tiere und für den Menschen selbst. Auch das scheinbar Tote, wie die Steine, ist von Elementarwesen bewohnt. Und natürlich sind das Wasser, die Luft, das Licht und die Wärme Aufenthaltsorte von Elementarwesen.

Man kann unter den Elementarwesen solche finden, die sehr alt sind und deshalb viele Erfahrungen und große Kenntnisse angesammelt haben. Sie haben große Ausmaße und erscheinen für die übersinnliche Beobachtung deshalb wie Götter aus einer alten, zurückliegenden Zeit. Auf die Menschen schauen sie mit großem Verständnis. Es sind dies weise Wesenheiten, die ein großes Interesse haben, mit den Menschen in einen Austausch zu kommen. Diese hohen Elementarwesen können für den Menschen, der ihre Hinweise zu deuten versteht, wertvolle Ratgeber werden.

Es gibt aber auch andere, niedrige Wesen der elementaren Welt. Sie leben in den Blättern, den Blüten oder den Wurzeln der Pflanzen, sie sind in der Rinde oder dem Holz der Bäume zu finden. Sie leben in den Tropfen des Wassers, im feuchten Moos, an den Wasserläufen oder den Felsen der Berge. Sie sorgen für das Wachsen und Reifen der Früchte und somit für unsere Ernährung. Kein Keim würde sprießen, keine Blüte aufgehen, kein Windzug fächeln, kein Tropfen springen, wenn nicht das Wirken der kleinen Wesen beständig da wäre.

Eine große Anzahl von Elementarwesen ist an die Elemente, also an Erde, Wasser, Luft, Wärme und Licht, gebunden. Diese Geister leben entweder in der festen Erde, dem fließenden Wasser, der strömenden Luft, der alles durchdringenden Wärme oder dem webenden Licht. Die übersinnliche Beobachtung nimmt sie daher sehr unterschiedlich wahr. Auch auf die Seele des Menschen machen sie jeweils einen vollständig verschiedenartigen Eindruck.

Bei vielen Elementarwesen, die dem Element der Erde angehören, lässt sich beobachten, dass sie in einem beständigen, die gesamte Erde durchdringenden Strömen begriffen sind. Sie steigen zu den Wurzeln der Pflanzen auf und erfüllen sich dort mit dem, was die Pflanzen von dem Geschehen der oberirdischen Welt empfangen haben, um das wieder hinab in die Tiefen der Erde zu tragen. Es gibt Wesen, die steigen bis zu den Spitzen der hohen und höchsten Berge auf und begeben sich dann wieder in die Erde hinunter. Genauso wandern viele Gnome zwischen den verschiedenen Landschaften der Erde, den Ländern, Städten und Erdteilen hin und her. Wanderzüge verschiedenster Erdwesen finden in der Erde statt. Für sie ist die Erde nicht fest und undurchdringlich, sondern durchlässig, so dass sie sich lebhaft durch sie hindurch bewegen können.

Die Geister der Erde bilden die Grundlage des Erdengedächtnisses. Die Gnome sind staunende, helle und aufmerksame Geister, denen nichts von dem entgeht, was auf der Erde geschieht. Was sich über der Erde ereignet, auch unter den Menschen, schreibt sich dadurch der Erde ein, dass es von den Gnomen wahrgenommen und weitergetragen wird. Man kann deshalb einsehen, dass sie unmittelbar mit den Folgen dessen zu tun haben, was der Mensch auf der Erde denkt und tut. Sie nehmen das alles auf sich, indem sie dieses Gedächtnis bilden. Und sie sind bestrebt, das, was sie so verwalten, zu verwandeln. Deshalb sind sie beständig dabei, die Fehler der Menschen richtigzustellen. Sie sind Geister, die die Fehler korrigieren müssen, die die Menschen begehen. Totes beleben sie, Träges bringen sie in Bewegung, Isoliertes verbinden sie, und Dunkles führen sie ins Licht. Diese ausgleichende Arbeit der Gnome ist für das Bestehen der Erde nicht zu unterschätzen. Es ist ein Charakteristikum der Gnome, dass sie sehr ideenreich sind, wenn es darum geht, Fehler, die der Mensch begeht, zu verwandeln und korrigieren.

Ein Gnom, der die Erde durchwandert, hat viele bedeutsame Erlebnisse. Er begegnet den Blütenelfen der Pflanzen, die dann, wenn ihre Pflanze nicht blüht, in der Erde ruhen. Er begegnet aber auch den hohen und wunderbaren Wesenheiten der Pflanzenmütter, die in der Erde leben und deren Aufgabe es ist, die Geister der Pflanzensamen zu hüten. Sie wandeln zwischen den hohen und höheren geistigen Wesenheiten der inneren Erde. Eine tiefe Beziehung haben die Gnome zur Madonna der Erde, einer hohen Wesenheit, die man auch als die Göttin der Erde bezeichnen kann. Von ihr erfahren sie Trost und Schutz. Diese haben sie sehr nötig, denn wer wie sie tief mit dem Schicksal der Erde verbunden ist, trägt die Erde und mit ihr auch die Schattenwesen, die ihre Entwicklung zu hindern und umzulenken suchen. Durch die Madonna der Erde, bei der sie immer wieder Ruhe finden, begegnen sie dem Friedensimpuls, der durch die Erde verwirklicht werden möchte. Es ist der Sinn der Erde, an dem die Gnome Anteil haben, wenn sie in den Wesenskreis der Madonna der Erde aufgenommen werden. Die Angriffe, denen die Gnome dadurch ausgesetzt sind, dass sie die feste Erde als Wohnsitz haben, werden durch die Ausstrahlung, die von der Madonna ausgeht, gelindert. Die Gnome werden im übertragenen Sinn wieder jung, wenn sie zu ihr kommen.

Zu dem, was die Gnome am tiefsten berührt, gehört die Begegnung mit dem hohen Geist der Erde. Weihnachten ist die Zeit, in der sie zu ihm geladen werden. Er segnet sie und weist ihnen den Weg in die Zukunft. Er versöhnt sie mit den hohen

Kräften des Kosmos, die in der Zeit des Winters durch die Erde hindurch leuchten.

Die Geister des Wassers durchweben alles Lebendige. Auf dem Wasser beruht die Entwicklung allen Lebens. Die Elementarwesen des Wassers sind Träger der lebendigen Kräfte. Sie können diese große Aufgabe aber nur erfüllen, weil sich durch sie die Weltenharmonie verwirklicht. Viele, vor allem hochstehende Wasserwesen, so zum Beispiel Flussgeister, Quellenwesen, Brunnenwesen, sind Vermittler dieser kosmischen Kraft, durch die das Leben auf der Erde einer harmonischen, lebendigen Ordnung untersteht. Die Wirksamkeit, die von den Geistern des Wassers, den Nymphen, ausstrahlt, hat ihren Ursprung darin, dass in ihnen die Weltenharmonie gegenwärtig ist.

Die Begegnung mit dem Wasser hinterlässt in der Seele des Menschen einen besonderen Eindruck. Die Geister des Wassers stehen, vor allen anderen Elementargeistern, der menschlichen Seele nahe. Von sich aus haben sie eine Neigung zu allem Seelischen. Es ist nicht übertrieben, wenn man sagt, dass sie das Seelische des Menschen aufsaugen. Sie nehmen es in sich hinein. Das Seelische, das aus der Welt der Menschen in die ätherische Welt aufsteigt, verteilt sich vornehmlich unter den Geistern des Wassers. Die Elementarwesen des Wassers haben die Aufgabe, das, was vom Menschen stammt, aufzunehmen, zu verwandeln und zu reinigen. Sie beleben und durchlichten durch die Arbeit, die sie im und am Wasser vollführen, das Seelische des Menschen, das sich in ihr Reich einfügt.

Zwischen dem Wasser und der Luft liegt eine bedeutsame Schwelle. Es gibt Wasserwesen, die sehnen sich nach der Luft. Sie wünschen sich, Sylphen, Luftgeister, zu werden. Es ist aber für eine Nymphe gar nicht leicht, eine Sylphe zu werden. Dafür nehmen sie begierig das auf, was sie von den Geistern der Lüfte gereicht bekommen. Es sind ganz wesentliche Gaben aus den Weiten des Kosmos, die sie so empfangen und dem Wasser einprägen. Dadurch verhelfen sie dem Geistigen, auf der Erde anwesend zu sein. Durch ihr Dasein werden kosmische Kräfte oder Impulse auf der Erde geboren. Die Pflanzen, Tiere und auch der Mensch hätten ohne diese Wirksamkeit kein Leben.

Die Geister der Luft sind Träger hoher geistiger Impulse. Erhabene Geister finden sich unter ihnen, durch die die geistigen Urbilder der im Irdischen lebenden Wesen auf die Erde herabsteigen. Durch sie empfangen die Pflanzen ihre Lebensimpulse. Die Tätigkeit der Luftgeister besteht darin, das geistige Urbild der Entwicklung an die einzelne Pflanze heranzutragen. Durch die Geister der Luft sprechen sich geistige Impulse aus, die auf der Erde zu Lebensimpulsen werden. Deshalb sind die Luftgeister, die Sylphen, Wesen, die man auch als Boten geistigen Lebens bezeichnen kann. Durch sie leben die geistigen Impulse auf der Erde, die in den vielfältigen Lebewesen in Erscheinung treten.

Im Wettergeschehen sind die hohen Kräfte erlebbar, die unter den Geistern der Lüfte anwesend sind. In einem Gewitter entladen sich diese Kräfte, die sonst still und gebannt sind. Schon in jedem Windhauch ist spürbar, dass der Luft eine schaffende Potenz eigen ist. Man ahnt, dass der Wind etwas mitteilen möchte, wofür man aber den Sinn nicht hat. Die verschiedenen Wetter sind Bilder der inneren Beschaffenheit der Geister, die in der Luft leben und wirksam sind.

Die Elementarwesen der Wärme dringen weiter als die Elementarwesen der Luft, des Wassers und der Erde in die geistige Welt hinein. Unter den Elementarwesen genießen sie der Kräfte wegen, die durch sie wirksam sind, ein hohes Ansehen. Ja, sie werden von vielen Wesen der elementaren Welt geradezu gefürchtet.

Sie sind übersinnlich nur schwer zu schauen, weil sie die Form, die sie annehmen, sofort wieder ablegen. Eigentlich nimmt man nur den Hauch wahr, den sie hinterlassen, nicht aber sie selbst. Sie binden sich nicht an Formen, sondern lösen diese auf. Unter ihrer Wirksamkeit zergeht das Gestaltete. Sie sind unermüdliche Geister der Auflösung, der Verwandlung, der Reinigung, damit das Neue des nächsten Entwicklungsschrittes den Raum vorfindet, in dem es erscheinen kann. Durch sie wirken großen Verwandlungskräfte. Verwandlung ist ihr Element. Ohne ihre Gegenwart gäbe es keine Verwandlung. Auflösende Kräfte setzen unabdingbar große Stärke voraus. Aufbauen ist für die Elementarwesen leichter als abbauen. Aufbauen geschieht im Traumzustand, Abbauen verlangt von den Elementarwesen, die damit betraut sind, Wachheit und geistige Präsenz. Diese erreichen die Geister der Wärme dadurch, dass sie sich mit ihrem Wesen weiter als die anderen Elementarwesen in die Welt der höheren geistigen Wesen erstrecken.

Über den Elementarwesen der Wärme stehen die Geister des Lichts. Sie sind diejenigen Wesen, durch die das Licht zur Erde strömt. Sie tragen das Licht den Wesen zu, die von ihm leben. Dazu gehören viele Wesen der elementaren Welt. Die Lichtwesen stehen deshalb in vielfältiger Beziehung zu den übrigen Geistern und Geisterchen. Das zeigt sich unter anderem in dem munteren Spiel zwischen ihnen und den Blütengeisterchen der Pflanzen, wenn die ersten Sonnenstrahlen die Blüten berühren. Die Blütengeisterchen werden geradezu durch einen Tanz von Lichtwesen geweckt. Diese umwerben die Blütengeister, denn sie haben den Auftrag, sie mit der geistigen Substanz des heiligen Morgenlichtes zu tränken.

Wenn man nun schaut, welche Wesenheiten sich über den Wärmegeistern und den Lichtwesen befinden, wird man auf noch höhere Wesen aufmerksam, die nicht mehr eindeutig der elementaren Welt angehören. Sie stellen einen Übergang zur astralen Welt dar, die sich über der ätherischen Welt erhebt. Diese Wesen kann man als die Lenker der Elementarwesen bezeichnen. In ihnen lebt die Weisheit, die durch die Elementarwesen bis in die unterschiedlichsten irdischen Substanzen wirksam wird. Diese weisheitsvollen Wesen sind sehr zurückhaltende Wesen. Sie haben die Neigung, sich der menschlichen Beobachtung zu entziehen, was sich von den Gnomen, den Nymphen und Sylphen nicht sagen lässt. Dagegen neigen die Wärmegeister und die Lichtwesen schon eher dazu, dem menschlichen Bewusstsein zu entschwinden.

Abschließend möchte ich bemerken, dass es leichter ist, als man vielleicht meint, sich in das Wesen der Elemente einzufühlen. Dazu ist es nicht notwendig, dass man die jeweiligen Elementarwesen schon sieht. Die gründliche Beobachtung der sinnlichen Phänomene kann Anlass genug sein, sich in das Wesenhafte jedes Elementes so einzuleben, dass einem ein tiefes Erlebnis seiner Qualität zuteil wird. An einem Ort, an dem eines der Elemente überwiegt, ist es leicht, zu Erlebnissen zu gelangen, durch die die Seele vom Wesen des entsprechenden Elementes tief berührt werden kann. Wenn man sich den Eindrücken hingibt, die man empfängt, ist es möglich, dass sich entsprechende Erfahrungen einstellen. Denn die Seele hat die Fähigkeit, sich in die Phänomene so einzuleben, dass ihr Einsichten zugetragen werden, die tiefer reichen, als das, was die üblichen Sinne ihr vermitteln.

Elementarwesen, die mit dem Menschen in Kontakt treten können, sagen, dass sie von Wesenheiten höherer Welten abstammen. Ihre geistige Substanz ist mit der Substanz verwandt, aus der diejenigen Wesen bestehen, von denen sie in der Hierarchie der geistigen Wesen überragt werden. Sie sind wie Tropfen, die aus dem Meer hoher geistiger Wesenheiten stammen. Dieses Meer ist ihr Ursprung. Was die Elementargeister verweben, damit daraus die sinnliche Welt hervorgehen kann, erhalten sie von den höheren Wesenheiten der Schöpfung. Insofern sind sie die Handwerker dieser Wesenheiten. Die Ideen dieser Wesenheiten sind die Vorgaben, nach denen sie ihr Tätigsein richten. Ihre Aufgabe ist es, die geistigen Formen, die sie von höher stehenden geistigen Wesen offenbart bekommen, der physischen Welt einzuarbeiten. Indem sie das tun, werden sie selbst Teil von dem, was sie hervorbringen. Sie werden in die Gestalten der sinnlichen Welt verzaubert. Erst wenn diese Gestalten wieder vergehen, lösen sie sich aus dem Zustand der Verzauberung. So gesehen bedeuten die Vorgänge, die sich uns in der Natur als die des Werdens und Vergehens zeigen, für die Elementarwesen, dass sie verzaubert und wieder entzaubert werden.

Das Verhältnis zwischen den Wesen der elementaren Welt und den höheren Wesenheiten der Erde ist ein sehr innigliches. Man muss sich vorstellen, dass die Elementarwesen im Saum, in der Kraftentfaltung, in der Ausstrahlung dieser höheren Wesenheiten leben. Sie werden von den Lebensströmen, die von diesen Wesenheiten ausgehen, gebildet, verwandelt und ernährt. Außerhalb deren Einfluss zu stehen, ist für sie nicht möglich.

Die Wesen der elementaren Welt sind ganz bestimmten Lebensrhythmen unterworfen. Das sind die Rhythmen des Tages, der Woche, des Monats und des Jahres. Das Dasein der Elementarwesen unterliegt durch diese Rhythmen einer strengen Ordnung. Dazu treten noch weitere Rhythmen, die mit den Wesenheiten zu tun haben, denen sie dienen. Jede Pflanze hat ihren eigenen Wachstumsverlauf, jede Landschaft ihre eigenen jahreszeitlichen Rhythmen, die von vielen Bedingungen abhängen. In diesen verschiedenen Rhythmen sprechen sich höhere geistige Wesenheiten aus, die der astralen Welt angehören. So gibt es Engel der Stunden, des Tages, der Wochentage, der Monate und der Jahreszeiten. Es gibt den Engel des Sonnenaufgangs, des Sonnenuntergangs, des Mittags und der Mitternacht. Das gesamte wechselvolle Geschehen der Jahreszeiten steht ebenfalls unter dem Einfluss bestimmter Engelwesen. Die Elementarwesen werden im Laufe eines Jahres von einer Vielzahl von Engeln berührt und durchdrungen. Diese höheren Wesenheiten bilden den Lebensstrom, aus dem die Elementarwesen hervorgehen.

Jede Landschaft wird von Wesenheiten überragt, die der astralen Welt angehören. Eine dieser Wesenheiten ist der Landschaftsengel. Dieser Engel verkörpert den höheren Sinnzusammenhang einer Landschaft. Durch ihn erhalten jede Landschaft und somit die zu ihr gehörigen untergeordneten Wesenheiten ihren Sinn im Gesamtzusammenhang der Erde. Jede Landschaft wird jeweils von einer Engelwesenheit überragt, die charakteristische Merkmale zeigt. Jede Landschaft ist Ausdruck und Offenbarung dieser höheren Wesenheit. Sie verkörpert sich in der entsprechenden Landschaft dadurch, dass sie eine tiefe Beziehung zu den Wesen der elementaren Welt eingeht. Der Landschaftsengel durchdringt die Wesen der Elemente. Sie sind immer in sein geistiges Kleid einverwoben. Er offenbart sich aber auch in ihnen. Eine verfeinerte Wahrnehmung kann deshalb aus den verschiedenen Elementen Botschaften des Landschaftsengels herauslesen. Er spricht durch sie hindurch. Indem man sich in die Äußerungen der elementaren Welt einfühlt und auf das lauscht, was durch die Erde, das Wasser, die Luft, die Wärme und das Licht spricht, stellt man sich in den geistigen Strom, der, vom Landschaftsengel ausgehend, die Lebenswirklichkeit der Erde durchdringt. Die Elementarwesen sind in diesem Sinn Boten des Landschaftsengels. Weil sie in ihm sind, können sie auch Auskunft geben über seine Wesenseigenheit und die Aufgaben, die jede Landschaft zu erfüllen hat. Was hier gesagt wird, gilt für jede Landschaft, auch für Städte, für Seen und Meere.

Der Landschaftsengel durchströmt mit seiner Wesenheit auch die Erde unter unsere Füßen. Die in der Erde lebenden Gnome werden von der Strömung, die von dem Landschaftsengel ausgeht, durchdrungen. Diese fällt wie wallende Gewänder in ihr unterirdisches Reich. In diesen leuchtenden Gewändern schauen die Gnome die Wesenheit des Landschaftsengels. Sie schauen aber auch auf sich selbst. Durch das strömenden Licht, das auf sie niedergeht, schauen sie wie in einen lebendigen Spiegel. Sie gewinnen dadurch eine bestimmte Bewusstseinsqualität, durch die sie sich von den anderen Elementarwesen unterscheiden. Die Gnome besitzen die Fähigkeit, Gedanken aufzunehmen. Sie können Gedankliches, das vom Menschen stammt, verarbeiten. Das hat für sie sogar eine herausragende Bedeutung. Die Gedanken der Menschen gehören zum Lebensbrot der Gnome. Das trifft so für die Geister der anderen Elemente nicht unmittelbar zu.

Eine tiefe Verbindung besteht zwischen dem Landschaftsengel und dem Wasser und seinen Geistern. Er berührt mit seiner Wesenheit das Wasser ununterbrochen. Er «liegt» eigentlich im Wasser. Das Wasserelement ist für den Landschaftsengel wie ein Sinnesorgan, durch das er in jedem Winkel der Landschaft anwesend ist. Er nimmt die Erde durch die Geister, die im Wasser leben, wahr. Indem man sich in das Wasser einer Landschaft einfühlt, kann man die Verbindung, die zwischen dem Landschaftsengel und der Erde besteht, erleben. Wasserfälle, Seen, Flüsse, Bäche aber auch Erscheinungen wie Nebel, Regen, Schnee bieten reichlich Möglichkeiten, zu einer inneren Anschauung vom Wesen des Landschaftsengels zu kommen.

In der Luft ist das seelische Leben der Erde in einer verdichteten Form anwesend. Man kann auch sagen, die Luft ist seelisch. In den Geistern der Luft sprechen sich die wesentlichen Lebensimpulse des Landschaftsengels aus. Sie sind Träger seiner Impulse, seine treuen Boten. Aus diesem Grund kann man, wenn man sich aufmerksam dem hingibt, was im Luftelement einer Landschaft lebt, einen lebhaften Eindruck gewinnen von den wesentlichen Impulsen und Entwicklungen in einer Landschaft. Unter den Geistern der Luft erscheinen diese Impulse. Sie erscheinen in der Form geistiger Bilder, die sich mit den Mitteln der übersinnlichen Wahrnehmung schauen lassen. Es offenbart sich im Luftelement eine Welt webender und lebender Bilder. Man kann darin wie in Büchern lesen. Dabei wird man recht hohen Wesenheiten begegnen.

Die Elementarwesen der Wärme dienen dem Landschaftsengel, um zur Seele der Menschen zu sprechen. Er vermag durch sie bestimmte Menschen zu erreichen und für seine Impulse zu gewinnen.

Die Lichtwesen sind in einer ähnlichen Art tätig. Ihr Wirken für den Landschaftsengel betrifft aber weniger einzelne Menschen als vielmehr Gruppen von Menschen.

Der gesamte Jahreslauf ist ein Geschehen, der einen großen Einfluss hat auf die Wesen der elementaren Welt. Sommer und Winter stellen für sie zwei vollständig andersgeartete Daseinszustände dar. Der Entfaltung im Sommer steht der Rückzug im Winter gegenüber. Die Formenvielfalt der Pflanzen ist Ausdruck der Tätigkeit der Elementarwesen im Sommer. Die Vorgänge, die sich im Keimen, Wachsen und Blühen zeigen, bedeuten, dass die entsprechenden Elementarwesen dem Bilden der irdischen Substanzen hingegeben sind. Sie geben das Leben in den Geisteswelten auf und werden in die Materie verzaubert. Für die Elementarwesen ist das eine Art Schlaf. Indem sie sich mit der Pflanzensubstanz verbinden, schlafen sie ein. Sie schlafen in den Wachstumsvorgängen. Pflanzenwachstum kann sich überhaupt nur ereignen, weil Elementarwesen in den Zustand des Schlafs verfallen. Sie verlassen die geistige Welt und werden von der irdischen Welt aufgesogen. Das Welken der Pflanze im Herbst hingegen bedeutet, dass sie wieder in ihre geistige Heimat zurückgehen. Sie werden von der Erde freigegeben. Das heißt aber, sie erwachen. Es sind tatsächlich die Träume schlafender Elementarwesen, die man anschaut, wenn man die vielfältigen Pflanzenformen beobachtet. Die Träume der Elementarwesen offenbaren sich in der Pflanzenwelt. Wenn die Elementarwesen, die mit dem Wachstum verbunden waren, aufzuwachen beginnen, zeigt sich das darin, dass die Pflanzen anfangen zu welken. Die Pflanzen ziehen sich aus der sichtbaren Welt zurück.

Im Hochsommer sind viele Elementarwesen in einem Zustand, der sich schwer beschreiben lässt. Ihre geistigen Körper sind weit ausgedehnt. Man kann kaum erkennen, wo das eine Wesen aufhört und wo das nächste beginnt, sie durchdringen sich. Die einzelnen Wesen geben ihre eigene Gestalt auf. Sie leben in einem Zustand, der wie ein großer gemeinsamer Traum ist. Sie träumen, wenn wir den Sommer erleben. In dem Zustand der träumenden Hingabe sind sie von der Weisheit höherer Welten und Wesen erfüllt. Die Elementarwesen offenbaren treu und unbedingt das, was ihnen durch Wesenheiten der höheren Welten aufgetragen worden ist. Der Erdenschlaf versetzt sie in einen Zustand, in dem sie durchlässig sind für die lebendigen kosmischen Ideen, die sich durch sie verwirklichen. Die Sommerwelt erscheint.

Wenn die Elementarwesen im Herbst von ihren Aufgaben entbunden werden, gehen sie in die geistigen Bereiche ein, denen sie ursprünglich entstammen. Die Feuergeister, die durch ihre Tätigkeit zur Samenbildung beigetragen haben, werden nun wieder von Wesenheiten höherer Welten aufgenommen. Die Wesenheiten, die sie hervorgebracht haben, empfangen sie wieder. Sie können sich getrost von ihrem Dasein auf der Erde zurückziehen. Das gleiche gilt für die Elementarwesen der Luft, des Wassers und der Erde. Die Wesenheiten, welche die Elementarwesen nun wieder aufnehmen, nachdem diese ihre Tätigkeit auf der Erde beendet haben, liegen in Schichten um die Erde. In diese die Erde umhüllenden Schichten schlüpfen die Elementargeister zurück, wenn sie ihre Aufgabe auf der Erde abgeschlossen haben. Im Sommer umhüllen diese Schichten die Erde. Im Winter jedoch ziehen sie sich zusammen. Sie ziehen sich so zusammen, dass sie sich in den physischen Erdenkörper hineinlegen. Sie gehen eine Verbindung mit der physischen Erde ein. Für die Elementarwesen hat das zur Folge, dass sie nun, im Zustand der Entzauberung, mit der festen Erde vereinigt sind. Sie sind in der Erde. Im Sommer sind es nur die Gnome, die in der Erde leben, im Winter schlüpfen jedoch auch die Elementarwesen der anderen Elemente, die nicht im Zustand der Verzauberung sind, in die Erde hinein, sind mit ihr vereint. Man darf nun aber nicht denken, dass sie sich dadurch in die Dunkelheit begeben. Für die Gnome und auch für die anderen Elementarwesen ist die Erde nicht dunkel, sondern licht. Besonders gilt das für die Zeit des Winters.

Die Sommerträume der Elementarwesen manifestieren sich in dem Leben, das in dieser Zeit die Erde bedeckt. Im Winter erwachen sie für die innere, die geistige Erde. Sie schauen im Winter, was sich im Sommer durch sie verwirklicht. Sie schauen die Weisheit, die auch in ihnen ist und die durch sie zu dem Gesicht der Erde wird.

III Elementarwesen des Wassers

Quellenwesen

Immer wieder habe ich die Erfahrung gemacht, dass die Elementargeister, die Quellen hüten, Wesen sind, denen man sich mit großer Vorsicht nähern muss. Es sind machtvolle Wesen, die vom Menschen Andacht und Behutsamkeit verlangen. Sie sind in einem hohen Maße darauf bedacht, dass der Ort, den sie hüten, also die Quelle, keinen Schaden nimmt. Sie tragen eine große Verantwortung, denn sie sind Wesen, die die Lebenskräfte der Erde hüten. Sie hüten einen Ort, an dem Wasser aus der Erde hervortritt und sich somit wesentliche Kräfte aus dem Innern der Erde ausbreiten. Durch das Wasser fließen diese Kräfte in Gestalt breiter werdender Gewässer über und durch die Erde. Quellen sind Orte, an denen hohe Erdenkräfte offenbar werden. Sie sind deshalb heilige Orte.

Edle, heilende Kräfte sind es, die sich von den Quellen über die Erde verbreiten. Wer sich an einer Quelle aufhält, kann Zeuge der Kraftnatur des Quellwassers werden. Wenn man dieser Kräftenatur nachsinnt, kann man tief in der eigenen Seele berührt werden, ohne genau zu wissen, was es eigentlich ist, was mit der Seele geschieht.

Quellenwesen sind durch ihre Wesensart in der Lage, schnell mit dem Menschen in Kontakt zu kommen. Sie warten auf den Menschen, der ihnen ihre Seele aufschließt. Sie haben keine Mühe, der Seele des Menschen zu begegnen, der die Verbindung mit ihnen sucht. Es ist geradezu ihr Wunsch, dem Menschen zu begegnen.

Der übersinnliche Blick zeigt, dass die Quellenwesen eine erhebliche Ausdehnung besitzen. Es sind große, ja gewaltig große Wesenheiten. Das heißt, dass sie eine große Nähe zu den Wesenheiten haben, die wir als die Engel der Landschaft kennengelernt haben. Zwischen den Quellenwesen und diesen Engeln besteht nur ein kleiner Übergang, ein kleiner Sprung. Die Quellenwesen erfüllen durch ihre Ausdehnung in einem gewissen

Sinn den Landschaftsengel, der über ihnen steht. Das zeigt die große Bedeutung der Quellen für eine Landschaft. Die hütenden Wesen der Flüsse und Berge haben eine ähnlich hohe Stellung.

An der Quelle tritt Wasser, das für lange Zeit im Dunkel der Erde geruht hat, ans Licht. Dieser Übertritt vollzieht sich im Quellenwesen. Es ist Wächter dieses Übergangs. Quellen sind deshalb Geburtsstätten. Wasser wird geboren. Es wird aus der dunklen Erde entlassen und erscheint.

Quellen haben für Elementarwesen eine große Bedeutung. Wenn es ihnen möglich ist, suchen sie Quellen auf. Es sind Orte, an denen sich gerne viele Elementarwesen versammeln, die zum Teil von weit herbeikommen. Was sie schauen und erleben, ist schwer mit Worten zu beschreiben. Sie werden still und andächtig und leiden es nicht, wenn man sie stört.

Sie schauen in das hervorquellende Wasser wie in den Lebenstraum hinein. In dem Wasser schauen sie das Band, das zwischen allem Lebenden gewoben ist. Sie sehen darin das Band zwischen Geburt und Tod. Leben geht in den Tod, und Tod geht ins Leben. Ankunft ist immer auch Abschied. Sie sehen, dass der Tod zum Leben nicht in einem Widerspruch steht. Leben bedeutet immer auch Sterben. Elementarwesen schauen im Quellenwesen die Geheimnisse von Leben und Sterben.

Die Atmosphäre einer Quelle ist von einer Seligkeit, einer Unschuld erfüllt, die an neues, eben geborenes Leben erinnert. Das Quellenwesen hat das Bedürfnis, den Menschen, der sich in seinem Bereich aufhält, zu segnen. Es möchte den beschenken, der sich ihm behutsam nähert. Es kann es tun, indem es sich mit dem Scheitel-Chakra des Menschen verbindet. Das tut es freilich aus einem höheren Auftrag. Man kann eine solche Vereinigung nicht erzwingen, aber man kann wach dafür sein, dass ein hohes Wesen der elementaren Welt mit dem Menschen Kontakt sucht. Man kann achtsam sein für die Gaben der Wesen der elementaren Welt. Das ist der Grund, weshalb Quellen schon immer als heilige Orte galten. Sie dienten und dienen der tiefen Begegnung zwischen dem Menschen und den Wesen der verborgenen Welten.

Elementarwesen des Flusses

An einem breiten Fluss zu stehen und in die Strömung des Wassers zu schauen, ist ein besonderes Erlebnis. Man sieht eine gewaltige Menge Wasser an sich vorbei gleiten. Dieses Fließen ist Ausdruck einer großen Kraft. Man kann sie regelrecht spüren, aber es ist schwer, Begriffe zu finden, die geeignet wären zu beschreiben, was man erlebt. In fließendes Wasser zu schauen ruft einen bestimmten Bewusstseinszustand hervor. Man meint, davonzugleiten, wegzuschweben, hat das Gefühl, sich von der Erde zu lösen, ja, sich aufzulösen. Es kann so weit gehen, dass man erschrickt und Angst vor dem empfindet, was nun geschehen könnte. Es ist wie eine kleine Todesangst, die in der Seele heraufdämmert. In dem vorbeifließenden Wasser schaut man das Leben, das sich jeden Augenblick wandelt, das nie gleich bleiben kann. Es ist beständiger Verwandlung unterworfen. Das wandelbare Leben eines fließenden Gewässers führt die Seele dazu, ihren eigenen Standpunkt zu suchen, sich des Ortes zu vergewissern, der ihr Orientierung gibt. Es macht das Wesen des Flusses aus, dass er die Frage nach dem eigenen Standpunkt stellt. Die Seele muss angesichts eines Flusses die Fähigkeit entwickeln, diesen Punkt in sich zu finden und zu bewahren.

Indem man sich solchen Überlegungen hingibt, die von realen Erlebnissen und Gefühlen angeregt werden, kann man sich dem, was durch den Fluss zur menschlichen Seele spricht, nähern. Solche inneren Bilder können dazu dienen, Brücken zwischen den verschiedenen Reichen, zwischen dem Menschen und den geistigen Wesen der Natur zu schlagen. Man kommt den lebendigen Zusammenhängen, die zwischen der Erscheinungswelt, der Erde, und dem Menschen bestehen, näher. Fließende Gewässer regen zu solchen Gedanken an. Sie verleiten zum Träumen. Sie führen die behutsam beobachtende Seele in den Bereich, in dem sich Gedanken und Gefühle durchdringen, in dem ein träumendes Denken oder ein denkendes Träumen sie erfüllt. Jeder Fluss, aber auch jeder Bach, jedes fließende Gewässer hat einen Einfluss auf die Seele, dem sie sich häufig nur mit Widerwillen anvertraut. Sie wird gedrängt, sich einem Geschehen hinzugeben, durch das sie die gewohnte Autonomie über sich selbst verliert. Das fließende Wasser macht etwas mit ihr. Sie verliert sich in einer Weise, die nur schwer auszuhalten ist. Die Seele fließt ja mit. Sie wird mitgerissen und weiß nicht, was geschehen würde, wenn sie nicht innerlich dagegen halten würde.

Jeder große Fluss wird aus vielen Quellen gespeist. Aus ihnen wird er geboren. Er hat so viele Orte, wo er geboren wird, wie er Quellen hat. Man kann den Fluss erleben als einen ausgedehnten, unaufhörlich fließenden Wasserleib. Er geht aus zahlreichen Quellen hervor und mündet in den nächstgrößeren Fluss oder ins Meer. Zwischen den Quellen und der Mündung erstreckt sich dieser fließende Leib.

Die Quellen bringen ihn physisch hervor. Durch sie kommt er zur Erscheinung. Sie liefern ihm die physische Substanz, das Wasser. Übersinnlich kommt diese Qualität durch ein Wesen zum Ausdruck, das man in jedem fließenden Gewässer findet. Es ist der Flussdrache, eine geistige Wesenheit, die sich durch das fließende Gewässer windet und den gesamten Fluss von der Quelle zur Mündung begleitet. Dieses Wesen hat in der elementaren Welt eine wichtige Bedeutung. Es wird von vielen Wesen sehr wohl wahrgenommen. Durch den Flussdrachen werden sehr lebendige Kräfte unter den Wesen der elementaren Welt wirksam. Das Wasserelement ist der Lebensträger. Hohe Kräfte strömen durchs Wasser, die die Grundlage des Lebendigen der Landschaft sind. Der Wasserdrache ist für die Wesen der elementaren Welt die Quelle dieser Lebenskräfte. Durch ihn sind sie verbunden mit dem strömenden, wandelnden Leben, sie empfangen es durch ihn. Die Gaben, die sie durch den Drachen empfangen, sind kosmischer Natur. Das fließende Wasser stammt zwar aus dem Innern der Erde, der Drache, der im strömenden Wasser lebt, repräsentiert aber den Kosmos, insofern es kosmische Kräfte sind, die er den Elementarwesen übergibt. In dem Drachen sehen die Wesen der elementaren Welt eine Wesenheit, die stark genug ist, hohe kosmische Kräfte auf die Erde zu bringen. Dementsprechend groß ist ihre Verehrung für ihn.

Die Mündung ist nun der Ort des Flusses, an dem er sich einerseits auflöst, andererseits das einzige Mal vollständig anwesend ist. Nur an der Mündung ist das Wasser des Flusses in seiner Gesamtheit versammelt, kommt vorbeifließend an einem einzigen Punkt zusammen. Zugleich entlässt hier der Fluss sein Wasser. Während er durch die Quellen erscheint, vergeht oder stirbt er an der Mündung.

Das Wasser tritt an der Quelle aus. Die Geister der Erde, die Gnome, die Geister der Gesteine und Metalle, die hohen Geister der Schichten der Erde geben dem Quellwasser ihre Wünsche, ihre Kräfte, ihren Schwung, ihre Lebendigkeit und ihre geistige Substanz mit. Von der Erde belebtes Wasser speist durch die Quellen die Bäche, Flüsse, Ströme. Diese Kräfte bleiben an das Wasser gebunden. Sie fließen im strömenden Wasser durch die Landschaft. Im fließenden Wasser leben bestimmte Wasserwesen, die dafür sorgen, dass diese belebenden Kräfte mit dem Wasser verbunden bleiben. Sie wandern mit der Strömung von der Quelle zur Mündung. An den Quellen werden sie geboren. Das Quellenwesen gebiert die Geister des Flusses, die mit der Strömung reisen. Diese Geister sind an das fließende Wasser gebunden, so wie andere Elementarwesen an die feste Erde gebunden sind. Sie befreien sich aus diesem Zustand jeweils nur für kurze Zeit, wenn das Wasser aufspritzt und aufschäumt oder wenn es als Wasserfall in die Tiefe fällt. Das sind erlösende Momente für die im Wasser fließenden Elementarwesen.

Diese Wasserwesen umschmeicheln den Menschen, wenn er ins Wasser steigt, wenn er schwimmt, sich wäscht oder mit einem Boot über das Wasser fährt. Sie singen, sie lullen ihn ein, machen seinen Sinn schläfrig und umgarnen ihn mit Träumen. Sie erleichtern seine Seele, indem sie ihm bestimmte Bilder vorgaukeln. Sie erzählen von dem Zustand der Seele, die von der Entbehrung des irdischen Seins noch nichts weiß. Sie haben durchaus eine verführerische Seite. Sie haben eine wichtige Aufgabe, wenn es darum geht, die einschlafende Seele ins Reich der Träume zu führen. Es mag eine befremdende Vorstellung sein, dass diese Wesen, die mit dem strömenden, fließenden, aber auch mit dem tosenden Wasser auf der Wanderschaft sind, die Wesen sind, die die Seele des Menschen an der Schwelle der Träume erwarten. Sie erschließen sich aber dem, der sich mit den Wesen des Flusses vertraut macht. Diese Wesen der elementaren Welt haben sich das erworben, was die einschlafende Seele braucht, um sich von der Region der Träume erfassen zu lassen. Unter ihrer Begleitung kann die Seele die Bindungen an das irdischen Lebens hinter sich lassen. Im Schlaf liegt auch immer Zukunft, denn es ruhen in ihm große Impulse der Verwandlung. Der Schlaf bedeutet immer auch Neuwerdung der Seele. Sie kann wesentliche Impulse durch den Schlaf aufnehmen. In den Träumen sprechen sich diese Impulse häufig aus. Die Wesen, die im fließenden Wasser leben, sind Boten des Schlafes für den Menschen. Die müde, erschöpfte, aber auch die ratlose und zweifelnde Seele findet durch sie Trost.

Im rasch strömenden Wasser leben tollkühne, wilde Geister, die über Felsen springen oder sich Wasserfälle hinunterstürzen. Sie sind immer nah an der Auflösung, finden aber immer wieder zusammen, haschen nach dem Licht, ziehen es an sich und kehren doch wieder ins dunkle, schwere, kühle Wasser zurück. Kurz vermählen sie sich mit dem Licht, um es dem Wasser und dem Wasserdrachen zuzuführen. Er lebt nicht nur von den Kräften der Erde, sondern wird ernährt von dem Licht, das ihm die Geister des Wassers darbringen. Die Elementargeister, die im wilden, spritzenden, tosenden Wasser leben, können ihre Sehnsucht nach dem Licht nie ganz stillen. Deshalb begehren sie aber um so stärker auf, um es sich zu holen. Was sie aber aufgenommen haben, können sie nicht behalten und müssen es augenblicklich wieder loslassen. Diese Geister des Wassers befinden sich deshalb wie in einem nie endenden kreisenden Traum.

Es gibt aber Wasserwesen, die ein großes Maß an Ruhe und Schönheit ausstrahlen. Sie befinden sich an bestimmten Stellen über dem Wasser eines Baches oder Flusses. Es sind erhabene Wesen, die in sich das Wesen oder geistige Urbild des Flusses versammeln. Sie verkörpern das Flusswesen und stellen die Verbindung dar zu den Flüssen in der Umgebung und überhaupt zu allen Flüssen der Erde. In diesen Wesen strömt das Wesen des gesamten Flusses, der von den Quellen bis zur Mündung reicht, zusammen. Der einzelne Fluss, aber auch die Flüsse als eine Ganzheit sind anwesend.

An der Mündung eines Flusses befindet sich eine sehr hohe Wesenheit. Dieses Wesen schaut von der Mündung aus auf sämtliches Wasser, das zusammenfließt, um den Fluss zu bilden. Es ist bis zu den Quellen mit dem Fluss verbunden. Der gesamte Fluss wird von ihm erfüllt. Es erstreckt sich durch alle Wasser hindurch. Auf den geistigen Bändern, die es aussendet, gleiten die Elementarwesen, die im Wasser leben, auf die Mündung zu. In dem Augenblick, in dem sie dem Wesen an der Mündung begegnen, finden sie ihre Erfüllung. Dann werden sie vollständig eins mit dem Geist des Flusses. Ihre Wanderschaft im Fluss hat ein Ende. Ihr Sehnen ist gestillt, denn sie werden vom Mündungswesen aufgenommen. Der Wunsch nach der Vereinigung mit diesem Wesen war es, das sie in ihrer Wanderschaft vorantrieb. Das Wasser ist von diesem Sehnen durchdrungen. Im fließenden, eilenden, strömenden Wasser ist dieses Sehnen für den Beobachter anschaubar. Er kann es schon an den Quellen erleben.

Viele der mit dem fließenden Wasser wandernden Elementarwesen vergehen, wenn sie an der Mündung ankommen. Sie treten ein in die hohe Wesenheit der Mündung, die dort auf sie wartet. Wenn der Fluss in einen anderen mündet, strömen viele Wasserwesen mit zur nächsten Mündung. Mündet der Fluss ins Meer, vollzieht sich eine vollständige Wandlung. Das Meerwasser ist ein Reich, in dem die meisten Flussgeister nicht leben können.

Das Meer

Es ist ein unverwechselbares Ereignis, sich dem Meer zu nähern. Man hört es rauschen, man riecht es, fühlt den Wind. Wenn man dann endlich die anbrandenden Wellen sieht und in die Weite schaut, die sich auftut, wird man innerlich still. Es ist dieses Gefühl eigentlich nicht zu beschreiben. Es gibt dafür keine Worte. Man steht vor einem ganz großen, einem gewaltigen Wesen, das man nicht in der Lage ist auch nur annähernd mit der eigenen Seele zu erfassen. Dieses Gefühl entspricht aber genau demjenigen, man hat, wenn man vor der geistigen Welt steht. Der übersinnliche Blick in den Raum, der sich einem aufschließt, wenn man am Saum des Meeres steht, ist tatsächlich einzigartig. Man steht vor der Hülle einer Welt, die den gewöhnlichen Sinnen eine gewaltige Wasserfläche, Winde, Wolken, verschiedene Wetter und wunderbare Farbenspiele bietet. Übersinnlich zeigt sich eine Welt hoher und reifer Wesenheiten. Sie stehen über und in dem Meer, durchdringen es mit ihren übersinnlichen Leibern. Vergleichbare Wesen zeigen sich nur im höheren Luftraum, an manchen bedeutsamen Orten in der Landschaft, in den Bergen und im Innern der Erde.

Das Bewusstsein des Menschen wird herabgemindert, wenn er sich dem hingibt, was die Seele durch das Meer erlebt. Der Mensch kann hier sein Wachbewusstsein tatsächlich nicht lange aufrechterhalten. Es geschieht aus demselben Grund, wie ihm das Bewusstsein genommen wird, wenn er in die geistige Welt eintritt, also im Schlaf und im Tod. Am Meer steht der Mensch am Saum der geistigen Welt. Das Meer ist das lebendig konkrete Bild für das Dasein der geistigen Welt.

Deshalb kann man das Meer als die Nacht der Erde bezeichnen. Im Meer zeigt sich die beständige Gegenwart des Kosmos, der Schlafbereich der Erde, so wie er auch durch den nächtlichen Himmel sich offenbart. Im Meer liegt deshalb die Quelle der fortwährenden Erneuerung des Lebens. Alles Wasser, jeder

See, jeder Fluss, jeder Wassertropfen, trägt in sich das Abbild des Meeresganzen, also der kosmischen Erde. In jedem Wassertropfen ist deshalb das Sein in seiner ganzen Vollständigkeit anwesend.

Ich möchte noch einen Eindruck geben von dem, was die Seele, die sich dafür aufschließt, schauen kann, wenn sie auf das Meer hinaussieht. Indem man den Übergang zwischen der Meeresküste und dem eigentlichen Meer übersinnlich beobachtet, bemerkt man, dass man eine Region der Veränderung betritt, die für die Seele bedeutet, dass sie einer Prüfung unterzogen wird. Es ist wie gesagt für das Bewusstsein des Menschen nicht leicht, in dem übersinnlichen Bereich, der sich durch das Meer auftut, wach zu bleiben. Möglich ist das nur, wenn sich die Seele vorbereitet. Sie muss bereit sein, sich auf eine ganz andere Welt, auf die geistige Welt, einzustimmen und ihre Gesetze und Eigenheiten zu dulden.

Man betritt, wenn man sich wachbewusst an den Saum des Meeres begibt, eine reiche und äußerst wandelbare Bilderwelt. Man begegnet einer großen Zahl verschiedener hoher Wesenheiten, die auf unerklärlich Art zum Wesen des Menschen mit seinen verschiedenen Eigenschaften zu gehören scheinen. Es ist an sich gar nicht unbedingt eine fremde Welt, der man da begegnet, es ist eine Art Seelenwelt, die sich dem übersinnlichen Blick auftut.

Diese Wesen sind hoher Natur. Sie repräsentieren bestimmte Seeleneigenschaften, Seelenfähigkeiten oder Seelenbereiche des Menschenwesens. Die Wesenheiten der elementaren Welt finden sich innerhalb dieser hohen Wesenheiten nur in dem Bereich, den man als einen untergeordneten bezeichnen muss. Sie durchdringen das Wasser, durcheilen es bisweilen in hoher Geschwindigkeit und sind in einer großen Anzahl und Formenvielfalt vorhanden. Sie leben auch in der häufig sehr bewegten Luft und im Spiel des Lichtes. Es ist aber deutlich, dass sie im

Verhältnis zu den erstgenannten Wesenheiten nur eine untergeordnete Rolle spielen. Sie leben nur wie in deren Schleier, in deren Außenseite, dringen nicht vor in deren ureigenen Lebensbereich.

Diese hohen, den übersinnlichen Raum des Meeres bewohnenden Wesenheiten zeichnen unaufhörlich Bilder vor die Seele. Es sind Bilder der mythischen Zeit, als die Menschen und die Götter noch gemeinsam die Geschicke der Menschheit trugen. Es offenbart sich das Bild der Urseele der Menschheit, die im Schoß der geistigen Welt ruht und sich in jedem Menschen von einer anderen Seite zeigt. Jeder Mensch hat einen Anteil an dieser Urseele, sie ist seine Seelenmutter, die aber im Geistgebiet ruht und für die Seele des einzelnen Menschen dasjenige tut, was die leibliche Mutter in ihrer Art für den physischen Körper des Menschen tut. Noch andere Bilder tauchen vor der Seele auf. Es ist eine großes geistiges Panorama, das am Saum des Meeres offenbar wird. Die hohen Wesenheiten treten in Erscheinung, die die Menschen auf ihrem Erdenweg begleiten, behüten und inspirieren. Deutlich treten sie wie sonst selten vor das geistige Auge. Sie reichen sehr nah an die Welt der elementaren Kräfte und Wesen heran. Die Elementarwesen liegen in ihren geistigen Gewändern und sorgen dafür, dass sie die Region der Menschenseele berühren können.

IV Die Elementarwesen der Pflanzen

Der Pflanzenengel

Man kann fühlen, dass die Pflanzen Zeugen und Boten eines besonderen Lebens sind. Man kann sie eigentlich nicht betrachten, ohne dass die Seele mitschaut. Von den Pflanzen ergeht ein Ruf an die Seele. Sie sprechen. Sie tragen eine Lebensqualität in die irdische Welt hinein, durch welche die menschliche Seele auf eigenartige Weise berührt wird. Es ist gar nicht so leicht, treffende Begriffe dafür zu finden, warum sich der Mensch den Pflanzen so verbunden und verwandt fühlt. Es ist, als erinnerten sie ihn an eine Sehnsucht, die er still und unerkannt in sich trägt. Die Pflanzen berühren tiefe Seelenschichten. Vielleicht ist es eine Art Treue, die der Mensch in den Pflanzen verkörpert fühlt. Die Pflanzen sind den Lebensimpulsen, für die sie stehen und die sich in ihnen verkörpern, unbedingt treu. Sie wachsen und entwickeln sich stetig, gehen still durch ihre Lebensstufen, jede auf ihre Art. Wenn der Mensch die Welt der Pflanzen eingehend und mit mitfühlender Seele betrachtet, kann er erleben, dass sie von einer Welt künden, aus der er sich zwar ausgeschlossen fühlt, es aber eigentlich nicht ist. Die Lebensimpulse, deren Träger die Pflanzen sind, sind ihm nicht fremd, er kennt sie, nur muss er sich den Zugang zu ihnen immer wieder erringen.

Jede Pflanze wächst und entwickelt sich durch Gesetze und Kräfte, die nicht aus ihr selbst, sondern aus ihrem Lebensumkreis stammen. Die sichtbare Gestalt der einzelnen Pflanze ist ein lebendiges Bild von Prozessen, die nicht in der konkreten Pflanze zu finden sind. Sie kommen in ihr zum Ausdruck, haben ihren Ursprung aber in ihrem kosmischen Umkreis. Man kann die Pflanzen gar nicht begreifen und wertschätzen, wenn man sie nicht als Offenbarungen geistig wirksamer Kräfte sieht, die aus dem Umkreis der Erde einstrahlen. Die Pflanzen sind ein lebendiges Bild dieser einstrahlenden Kräfte. Ihre Eigenheit gewinnt die einzelne Pflanze durch die kosmischen Kräfte, die sich in ihr verkörpern. In jeder Pflanzen kann man deshalb wie in einem Buch lesen. Kräfte werden durch die einzelne Pflanze offenbar, die sonst im Verborgenen verbleiben würden.

Die Elementarwesen, die mit den Pflanzen verbunden sind, haben die Aufgabe, diese in der physischen Welt zur Erscheinung zu bringen. Sie richten sich bei ihrer Arbeit nach bestimmten kosmischen Bildern. Diese Bilder sind lebendig und werden von höheren Wesenheiten, den Pflanzenengeln, gehütet. Von diesen Pflanzenengeln gehen die kosmischen Bilder aus. Die Elementarwesen empfangen diese Urbilder der Pflanzen, um durch die Substanzenwelt hindurch die Pflanzengestalt hervorzubringen. Man kann sich vorstellen, dass diese Elementarwesen einerseits in den Pflanze anwesend sind, dass sie andererseits aber auch mit dem übersinnlichen Kleid des Pflanzenengels verwoben sind. Dadurch leben sie in Gesetzmäßigkeiten, nach denen die Pflanze, der sie angehören, gebildet ist. Es ist notwendig, dass sie einer höheren Ordnung, als sie selber sind, angehören, damit sie daran arbeiten können, die Pflanzengestalt hervorzubringen. Nur aus sich heraus verfügen sie nicht über die nötigen Kräfte. Diese erhalten sie nur dadurch, dass sie im übersinnlichen Kräfteleib einer höheren Wesenheit, des Pflanzenengels, stehen und gewissermaßen durchscheinend sind für die Lebensimpulse, die sie so empfangen.

In der Wesenheit des Pflanzenengels sind die Kräfte zusammengezogen, welche die Wesen der elementaren Welt brauchen, um die einzelne Pflanzen zu bilden. Er ist Träger des geistigen Urbildes, nach dem sich die Elementarwesen in ihrer Tätigkeit richten. Sobald eine bestimmte Pflanze in einer Landschaft wächst, ist er anwesend. Ohne die Anwesenheit der Pflanzenengel in der astralen und ätherischen Schicht einer Landschaft könnte keine Pflanze gedeihen.

Die unmittelbare Wahrnehmung zeigt, dass die Pflanzenengel sehr kräftige und äußerst erhabene Wesenheiten sind. Die Begegnung mit einem Pflanzenengel kann für einen Menschen, der sich dieser Lebenssphäre zu öffnen vermag, zu einem großen Erlebnis, ja zu einem besonderen Glück werden. Man wird von einer Wesenheit berührt, die, was im ersten Augenblick überraschen mag, zum Menschen in einer tiefen Beziehung steht. Sie ist von großer Weisheit durchdrungen, die nicht nur dazu da ist, eine bestimmte Pflanze hervorzubringen. Sie ist auch für den Menschen und seine Entwicklung von herausragender Bedeutung. Würde unter den Menschen lebendig, was als Weisheitsschätze von den Engeln der Pflanzen gehütet wird, sie stünden an einem anderen Ort ihrer Entwicklung.

Die Pflanzenengel haben wichtige Aufgaben gegenüber dem Menschen. Der Engel jeder Pflanze wendet sich dem Menschen auf eine eigentümliche Art zu. Die Engel der Pflanzen nehmen sich des Menschen in dem Sinne an, dass von ihnen bestimmte Kräfte ausgehen, ohne die er nicht in der Lage wäre, sein Leben zu führen. Diese Kräfte sind heilende Kräfte, über die der Mensch unbedingt verfügen muss. Ist dies nicht der Fall, erkrankt er oder stirbt. Es sind tatsächlich die Pflanzenengel, die an der Schwelle des Todes stehen. Sie bewahren den Menschen vor dem Tod. Wenn sie zurücktreten, den Menschen loslassen, stirbt er. Sie bürgen für das Leben, indem sie die Lebenskräfte des Menschen für ihn hüten.

Die Pflanzenengel sind hohe Meister des Lebens. Sie stehen dem Mensch nahe, auch wenn die Pflanze, dessen Hüter sie sind, nicht in der Landschaft wächst, in der der Mensch sich befindet. Ungeachtet der Pflanze haben sie einen existenziellen Bezug zum Menschen. Sie weben an dem übersinnlichen Kleid seines Körpers. Sie sind daran beteiligt, die Kräfte zu bündeln, die nötig sind, um den Körper des Menschen am Leben zu erhalten. Ihre Erhabenheit spiegelt sich in dem Leben, das den menschlichen Körper durchdringt und erhält. Der Hauch des Lebens ergreift durch sie den menschlichen Leib. Durch sie erhält er sein Leben. Jeder Pflanzenengel ist Bote einer besonderen Lebenskraft. Die

Pflanzen kann man nun intim kennenlernen, indem man sie als sichtbar gewordene Bilder bestimmter Lebenskräfte anschaut, die dem Menschen durch ihre Engel beständig und vertrauensvoll zuströmen.

Die Pflanzen sind Kinder weisheitsvoller und hoher Wesenheiten. Diese haben in ihre Kinder die Weisheit hineingelegt, die sie in sich tragen. Sie haben sie so hineingelegt, dass sie sich auf der Erde offenbart. Die Pflanzen weisen durch die Art, wie sie in der sinnlichen Welt erscheinen, einen Weg hin zu der Weisheit der geistigen Wesenheiten, die ihre Schöpfer sind. Die Pflanzen sind dieser Weisheit sichtbare Bilder. In ihnen wird das Geheimnis der übersinnlichen Welt offenbar. Sie anzuschauen, schließt Tore auf in die geistige Welt. Man muss in ihnen nur lesen wollen wie in Büchern. Sie sind Schriftzeichen einer Sprache, die entschlüsselt werden will. Man kann sie erlernen, wie man auch andere Sprachen lernen kann.

Die Sprache der Pflanzen

Jedes Naturreich, eigentlich jedes Wesen, hat seine eigene Sprache. Indem man auf diese Sprache zu achten beginnt, vermeidet man die Gefahr, über das Wesen, das man erkennen möchte, unrechtmäßig zu verfügen. Wenn man nun meint, man kenne das Vorgehen, um zu Erkenntnissen zu kommen, negiert man die Eigenart des Wesens, bevor man ihm überhaupt begegnet. Man lässt das Wesen selbst gar nicht zu Wort kommen.

Anders ist es, wenn man sich von dem Wesen, das man betrachtet, belehren lassen möchte. Jedes Wesen hat in sich die Neigung, sich selbst zu offenbaren. Es muss dazu nur die Möglichkeit bekommen. Es gehört sicherlich Vertrauen dazu, diese Neigung zu entdecken. Indem ich dieses Vertrauen entwickle, überlasse ich es dem Wesen, das ich kennenlernen möchte, mich auf die Sprache, die ihm eigen ist, hinzuweisen. Ich lasse mich in den Prozess des Erkennens einführen. Ich wünsche, dass sich das Wesen in seiner eigenen Sprache offenbart.

Wie alle Naturwesen sprechen auch Pflanzen auf ihre Art. Der Mensch muss, wenn er sie verstehen will, ihre Sprache kennenlernen. Indem er die Pflanzen abwartend und einfühlend beobachtet, wird er die Erfahrung machen, dass sie ihm zeigen, wie sie angeschaut werden wollen. Der Blick, die Seelenhaltung und die innere Gestimmtheit, die nötig sind, um sie wahrhaft anzuschauen, können ihm aufgehen. Die Pflanzen zeigen ihm, welcher Blick ihnen angenehm ist.

Die Pflanzen wachsen und entwickeln sich nach strengen Gesetzen. Die einzelnen Pflanzen unterscheiden sich durch die verschiedenartigen Gesetzmäßigkeiten, nach denen sie gebildet sind. Diese Gesetzmäßigkeiten sind geistiger Natur. Die sich bildenden Pflanzensubstanzen schmiegen sich in die geistig wirksamen Formkräfte. Durch diese bildet sich die Pflanzenwelt. Indem man nun das Erscheinungsbild der einzelnen Pflanze gründlich studiert, wird man diese Formkräfte gewahr. Es sind ihre Gesten, durch die sich die Pflanzen mitteilen. Sie sprechen eine reiche Gebärdensprache. Wachstumsgebärden tun sich der beobachtenden Seele durch die Pflanzen kund. Das Wesenhafte der Pflanze erschließt sich, indem man aus den sichtbaren Wachstumsgebärden den Weg zu den Gestaltungskräften sucht, die der Pflanze zugrunde liegen. Man kann sich ein Schauen angewöhnen, durch das sich ein Zugang zu den gestaltenden Kräften gewinnen lässt. Durch dieses Schauen lebt man sich ein in die Gebärden, die an der Pflanze hervortreten. Dadurch lässt sich den Pflanzen das entlocken, was sie hervorbringt.

Erkennen ist immer ein wechselseitiges Geschehen. Die Pflanzen teilen sich nur den Seelen mit, die es verstehen, sich leer zu machen. Diese Leere bedeutet, dass man hofft, von etwas Neuem berührt zu werden. Sonst erzählen die Pflanzen nur, was längst bekannt ist. Bestätigt finden, was man weiß, ist aber das Gegenteil von Erkennen.

Die Sprachen der Pflanzen sind vielfältig. Und sie sind sinnlich! Die Pflanzen sind Wesen, die die Sinneswelt zu ihrer gemacht haben. Sie teilen sich durch diese Welt mit. Deshalb ist es wichtig, ihre Farben, ihren Geruch, ihren Geschmack, ihre Formen, ihren Wuchs, ihre Gestalt, ihre Kraft, ihr Vermögen und ihren Eigensinn zu erfahren. Die Pflanzen wollen erlebt werden. Aus dem Erleben formen sich Vorstellungen und Begriffe, die dem geistigen Wesen der Pflanzen gerecht werden. Man darf sich ruhig Zeit lassen und sich lange dabei aufhalten, sie in ihrer sinnlichen Vielfalt wahrzunehmen. Man braucht sich nicht genötigt fühlen, rasch vorzugehen, wenn man die Sprache der Pflanzen zu entschlüsseln wünscht. Ihre Sprache zu kennen, ihre Zeichen zu deuten, braucht Zeit.

Die Pflanzen, die der Mensch in der äußeren Welt antrifft, sind Boten, die ihm etwas Bestimmtes sagen wollen. Er kann sich so mit ihnen verbinden, dass sie ihm als Wesenheiten begegnen, die wie gute Bekannte und Freunde zu ihm sprechen. Er kann sich von diesen Wesen angenommen fühlen und erleben, wie sie ihn, seine Seele, sein eigenes Wesen, liebevoll anschauen. Wenn er solches erlebt, hat er einen Schritt in die Richtung getan, nicht nur den physischen Pflanzen zu begegnen, sondern auch ihrem geistigen Wesen.

Der Mensch hat die Pflanzen in sich, sie sind Teil seiner Seele. Er kann, wenn er auf sein Denken achtet, bemerken, dass seine Gedanken aus den Kräften sich bilden, aus denen auch die Pflanzen gebildet sind. Die geistigen Urbilder der Pflanzen kann er wieder finden, wenn er seine Gedankenformen untersucht. Die Prinzipien, nach denen die Pflanzen geschaffen sind, trägt er in sich, weil er denkt. Als ein Denkender stützt er sich auf die lebendigen Prinzipien der Pflanzen. Im Denken leben die Prinzipien in ihm, nach denen die Pflanzen wachsen und sich entwickeln. Er kann durchaus Gedankenformen in sich finden, die den Wachstumsgesetzen der Rose, des Lavendels oder der Eiche entsprechen. Die Calendula weist auf andere Gedankenformen hin als die Sonnenblume. Indem man sich in eine Pflanze vertieft, wird man die Beobachtung machen können, dass sich die Gedanken in einer besonderen Form zu verknüpfen beginnen. Durch die Calendula verbinden sich die Gedanken auf eine weiche und rücksichtsvolle Art. Die Sonnenblume stärkt und festigt sie. Die Eiche macht sie mitfühlend und durchlässig, der Lavendel durchwärmt sie und gibt ihnen eine angenehme Schwere. Die Rose schließlich verlangsamt die Gedanken, und sie offenbaren ihren tieferen Wert.

Jede Pflanze spricht aber auch zum Gefühl des Menschen. Die Betrachtung einer Pflanze ruft immer auch bestimmte Gefühle hervor. Die sichtbare Gestalt der Pflanze, die Eigenheiten ihres Wachstums, die Art ihrer Gebärden, Farben und Gerüche wirken unmittelbar auf das Gefühlsleben des Menschen. Man kann auf die Gefühle, welche die Pflanzen in der Seele auslösen, aufmerksam werden und entdecken, dass sie objektiver Natur sind. Diese Gefühle mögen durch verschiedene Menschen unterschiedliche Färbungen erhalten, ihr Grundduktus bleibt aber erhalten.

Man kann einmal den Versuch unternehmen, die Pflanzen bewusst mit dem Gefühl wahrzunehmen. Man wird merken, dass das möglich ist. Die Pflanzenwelt erscheint dann wie die Welt der ausgeatmeten, der sichtbar gewordenen Gefühle des Menschen. Es berühren sich in ihr zwei Welten, die zueinander gehören.

Die Pflanzen hängen aber auch mit dem Willensleben des Menschen zusammen. Er öffnet ihnen seine Willensnatur, wenn er sie zur Heilung einsetzt. Indem er sich der gesundenden und heilenden Wirkung, die in den Pflanzen lebt, aufschließt, verbindet er sich bis in seinem Willen mit ihnen. Er erlaubt ihnen, dass sie ihn Schritte für Schritt durch sein Leben begleiten.

Die Pflanzenmutter und die Elementarwesen der Pflanzen

Wenn man sich auf die Suche nach dem geistigen Urbild begibt, das den mit den Pflanzen verbundenen Elementarwesen zugrunde liegt, wird man auf eine geistige Wesenheit aufmerksam, welche die hohe Pflanzenmutter genannt wird. Sie hütet die Elementarwesen der Pflanzen. Durch sie sind sie mit der kosmischen Weisheit der Erde verbunden. Die Elementarwesen der Pflanzen sind immer der Wesenheit der Pflanzenmutter einverwoben. Es ist ihnen nicht möglich, außerhalb von ihr zu existieren. Die Wesenheit der Pflanzenmutter steht in einer tiefen Beziehung zu den geistigen Lebensgeheimnissen der Erde. Durch ihre Wesenheit sind die Elementarwesen der Pflanzen Teil des Jahreslaufes. Sie hütet, so merkwürdig es klingen mag, für die Elementarwesen den Gang durch das Jahr.

Wenn die Elementarwesen, die die Samen hüten, im Frühjahr, wenn diese keimen, ihre Aufgabe verlieren, schlüpfen sie in die Wesenheit der Pflanzenmutter zurück. Die Wesen, die zuvor die Samen gehütet haben, werden nun von der Pflanzenmutter gehütet. Dasselbe geschieht mit den Blütengeistern. Wenn die Pflanzen vor dem Blühen stehen, werden sie von den Pflanzenengeln gerufen und begeben sich zu den entsprechenden Pflanzen. Sie können das aber nur, weil sie von der Wesenheit der Pflanzenmutter, die über die gesamte Erde ausgebreitet ist, gehütet werden. Sie bewegen sich in der Wesenheit der Pflanzenmutter zu dem Ort ihrer Wirksamkeit. Ist diese zu Ende, werden sie von der Pflanzenmutter wieder aufgenommen. So geschieht das mit allen Elementarwesen der Pflanzen.

Die Pflanzenmutter ist tief mit dem Rhythmus der Erde verbunden. Im Winter liegt sie beinahe vollständig in der Erde. Die geistigen Geschehnisse, die sich im Winter in der Erde abspielen, nehmen sie sehr stark in Anspruch. Im Sommer ist sie auch über der Erde anzutreffen. Sie ist in dieser Zeit mit dem reichen und vielgestaltigen Leben der Pflanzen vereinigt. Die Pflanzenmutter ist eine Wesenheit, die Himmel und Erde in sich zusammenfasst. Deshalb wechselt sie auch im Jahreslauf zwischen dem unterirdischen und dem oberirdischen Bereich der Erde. Ihre Kinder, die Pflanzen, entstammen der Erde, erhalten ihre Form aber durch das, was vom Himmel herabströmt. Das Geheimnis der Pflanzen hat wesentlich damit zu tun, dass sie sowohl Himmelskinder als auch Erdenkinder sind.

Es ist nicht einfach, die Wesenheit der Pflanzenmutter angemessen zu beschreiben. Die Wurzelgeister stehen ihr am nächsten. Sie verlassen sie eigentlich nie. Sie bleiben immerzu in ihrem Mantel. Das heißt aber auch, dass die Pflanze durch die Wurzelorgane mit dem Rhythmus, dem Strömen und der Bewegung der geistigen Erde stets verbunden sind.

Die Wassergeister, die ihre Wirksamkeit vor allem in den keimenden, sprießenden und wachsenden Teilen der Pflanze entwickeln, entfernen sich von den Pflanzenmutter schon etwas weiter als die Wurzelgeister. Sie bleiben locker durch das Element des Wassers mit der Pflanzenmutter verbunden. Durch den Raum, der zwischen den Wassergeistern und der Pflanzenmutter möglich ist, können Kräfte einströmen, die nicht irdischer Natur sind und von der Pflanze aufgenommen werden. Es handelt sich um Kräfte des Wachstums, die kosmischer Natur sind. Weil diese Kräfte durch die Arbeit der Wasserwesen den Pflanzen eingearbeitet werden können, sind diesen bestimmte Wachstumsgesetze eigen. Indem man das Wachstum der Pflanze studiert, wird man diese Gesetze entdecken können.

Die Wesen der Luft und des Lichts überbrücken, indem sie für die Pflanzen tätig werden, einen noch größeren Abstand zur Pflanzenmutter. Sie entgleiten ihr geradezu. Das ermöglicht den bestimmten Formkräften, auf das Pflanzenwachstum einzuwirken, an dessen Ende die Blüte steht. Die Blüte kann sich nur bilden, weil Kräfte einströmen, die dem Wachstum der übrigen

Pflanze widerstehen. Die Geister der Luft sind Träger dieser kosmischen Kräfte, die höherer Natur sind als die Kräfte, die durch die Tätigkeit der Wasserwesen in der Pflanze zur Wirkung kommen.

Die Feuergeister schließlich, die ihre Tätigkeit in den Blüten entfalten, entfliehen der Pflanzenmutter. Sie lösen sich gänzlich von ihr los und kehren erst, wenn sie ihre Aufgabe erfüllt haben, wieder zu ihr zurück. Sie nimmt regelrecht Abschied von ihnen. Was mit der Bildung der Fortpflanzungsorgane und der neuen Samenanlage zu tun hat, obliegt ihnen. Die Pflanzenmutter weiß nicht, ob sie die Feuergeister, die sie zu den Pflanzen hinschickt, wieder sehen wird. Sie muss sie so weit fortschicken, dass sie jegliche Verbindung zu ihnen verliert, damit sie ihre Arbeit für die Pflanzen vollbringen können.

Die Pflanzenmutter überragt die Wesen der elementaren Welt. Sie gehört einer höheren, der astralen Welt an. Wenn die Elementarwesen ihre Arbeit an der Pflanze erfüllt haben, werden sie von der Pflanzenmutter aufgenommen. Dabei begeben sie sich in ihren Mantel hinein. In diesem Mantel erwachen sie zu einem neuen Leben, das sich von dem unterscheidet, das sie führen, wenn sie auf der Erde für das Wachstum der Pflanzen tätig sind. Wenn sie für die Pflanzen arbeiten, also an die Erdennatur gebunden sind, verfallen sie in einen Zustand, der unserem Träumen verwandt ist. Die Elementarwesen träumen das Wachstum der Pflanzen. Ihre Träume sind der Pflanzen Wachstum. Wieder zur Pflanzenmutter zurückkehrend, wachen sie aus diesen Träumen auf, erwachen zu dem Wesen, das sie vor der geistigen Welt in ihrer Vollständigkeit sind.

Die Pflanzen sind noch mit anderen Wesenheiten verbunden. Eine davon ist der Pflanzenvater. Er ist ein höheres Elementarwesen, dem es möglich ist, in eine lebhafte Beziehung zum Menschen zu treten. Der Pflanzenvater zeigt sich in vielen Fällen als eine schlanke und helle Gestalt. Er nähert sich dem Menschen, wenn dieser der Pflanzenwelt eines Gartens, eines Waldstücks oder auch nur einer einzelnen Pflanze seine Aufmerksamkeit schenkt. Er wird hervorgelockt, sobald ein Mensch für eine Pflanze Interesse zeigt. So ist er steter Begleiter der Menschen, die mit Pflanzen zu tun haben. Bei Förstern, Gärtnern und Landwirten ist er zu beobachten, aber auch bei Floristinnen. Blumenläden scheinen ihn besonderes anzuziehen. Kräuterkundige Menschen werden ebenso von ihm begleitet und können sich von ihm führen lassen.

Der Pflanzenvater hütet in der Regel die Pflanzen eines bestimmten Ortes. Er lebt wie die anderen Elementarwesen der Pflanzen im Mantel der hohen Pflanzenmutter. Er hütet die Elementarwesen, die mit der Entwicklung der Pflanzen eines bestimmten Ortes zu tun haben. Er ist eine aufgeweckte Wesenheit, die den Menschen unumwunden anblickt. Er liebt dessen Nähe. Er ist sehr sachverständig, was die Pflanzen, die er hütet, betrifft. Es liegt ihm am Herzen, dass der Mensch die Aufgaben wahrnimmt, die er den Pflanzen gegenüber hat.

Der Pflanzenvater gehört zu einer Reihe von Elementarwesen, deren Aufgabe es ist, die verschiedenen Orte zu hüten, an denen Pflanzen wachsen. So gibt es Wesenheiten, die im Wald leben, die als Gartenfeen wirken oder als Hüterin einer Wiese oder eines Ackers. Sie können wie der Pflanzenvater zum Menschen in eine nahe Verbindung treten.

Die übersinnliche Beobachtung zeigt, dass zu jeder Pflanze eine Reihe von ganz bestimmten Wesen der elementaren Welt gehört. Von diesen Geisterchen sollen nun einige beschrieben werden. Ein Wesen fällt dabei besonders auf. Es lebt im Wurzelbereich der Kräuter und hat eine deutlich umrissene Gestalt. Das erste Mal sah ich dieses Wesen beim Wermut. Als ich das kleine Männchen sah, glaubte ich zuerst, es würde gar nicht zu der Pflanze gehören. Ich sah es aber immer wieder dort und bemerkt schließlich ähnliche Wesen bei anderen Pflanzen.

Diese Wurzelmännchen sind kaum dazu zu bringen, mit dem Menschen zu sprechen. Sie sind scheu. Ihre Aufgabe besteht darin, die Pflanzen zu bewachen. Wenn man Glück hat, kann man beobachten, wie sie die Wurzeln der Pflanze pflegen. Dabei sorgen sie für die anderen und kleineren Elementarwesen, die im Wurzelbereich leben. Wenn sie auch nicht mit dem Menschen in Kontakt treten, verkörpern sie doch ein bestimmtes Bewusstsein, das für die Pflanzen eine wesentliche Bedeutung hat. Sie sind als Pflanzenwächter oder Pflanzenpfleger der einzelnen Pflanze zugeordnet. Ihr Augenmerk ist auf die einzelne Pflanze gerichtet, sie haben ein klares Bewusstsein von dem Zustand, in dem sie sich befindet.

Eine weitere wichtige Wesenheit befindet sich in jedem Blatt. Jedes Blatt wird von einem Wesen der elementaren Welt bewohnt. Es ist an das Blatt gebunden und macht alle seine Entwicklungsstadien mit. Die Blattgeister der verschiedenen Pflanzen unterscheiden sich naturgemäß stark voneinander. Sie sind in die Substanzströme und Substanzverwandlungen so sehr eingebunden, dass sie nicht offen sind für die Welt der Menschen. Es sind ganz und gar träumende Wesen, die völlig aufgehen in der Aufgabe, die ihnen durch die Funktion des Blatts für die entsprechende Pflanze übergetragen wird. Die übersinnlichen Gestalten, die diese Wesenheiten zeigen, sind recht überraschend und ungewöhnlich. Manche Blätter beherbergen Wesen, die durch ihre Form zum Schmunzeln verleiten. Die Wesen giftiger Blätter hingegen sehen regelrecht abstoßend aus.

Ein anderes Elementarwesen der Pflanzen ist das Blütengeisterchen. Jede Blüte ist von einem Wesen dieser Gruppe bewohnt. Auch sie sind ganz von ihrer Aufgabe erfüllt und je nach Pflanzenart sehr unterschiedlich. Das Blütenwesen eines Eisenhutes unterscheidet sich unverwechselbar von dem eines Gänseblümchens. Die Blütengeister sind völlig unzugänglich. Sie haben gewissermaßen keinen Sinn, um den Menschen wahrzunehmen. Es sind Wesen, die wie unter einem Bann stehen.

Dieser Bann löst sich in dem Augenblick, in dem die Blüte von einer Biene besucht wird. Durch die Ankunft der Bienen erwacht das Geisterchen. Es wird dadurch wie an etwas sehr Fernes erinnert. Die Bienen erlösen die Blütengeisterchen von ihrem völligen Hingegebensein an ihre Aufgabe. Man kann beobachten, dass die Biene bei ihnen wie ein Aufatmen bewirkt. Ihre Gestalt wird klarer. Es ist, als trete ihr inneres Wesen in Erscheinung. Wenn die Biene auffliegt, geraten sie wieder unter den Bann der Blüte. Man kann aber auch beobachten, dass sich ein Blütengeisterchen durch den Besuch einer Biene ganz von der Blüte löst. Es wird befreit, und ein anderes Wesen seiner Art tritt an seine Stelle.

Wenn diese genannten Wesenheiten mit dem Menschen auch nur anfänglich in Kontakt treten, ist die Art, wie er den Pflanzen und ihrem Wesen begegnet, für sie sehr bedeutungsvoll. An ihnen vollzieht sich eine Veränderung, wenn die Pflanze von einem liebevollen Blick eines Menschen berührt wird. Für sie sind diese Blicke wirkliche Berührungen. Sie werden durch die liebevolle Aufmerksamkeit des Menschen wie gestreichelt. Die Hingabe des Menschen an die Phänomene der Erscheinungswelt löst unter ihnen etwas aus, was ihnen durch kein anderes Wesen vermittelt werden kann. Durch den Menschen kann sich ihnen eine Welt erschließen, von der sie ohne ihn keine Erfahrung oder Kenntnis hätten. Durch ihn öffnet sich ein Feld, das ihnen keine noch so hohe Wesenheit auftun kann. Sie vereinigen sich mit einem Menschen. Es ist die Persönlichkeit eines Menschen, mit der sie sich verbinden. Ein Mensch nimmt sich durch ein Wesen der elementaren Welt der Erde an. Er erhebt es, und damit die Erde, zu sich.

Die einzelne Pflanze steht mit verschiedenen geistigen Wesen in Verbindung. Einige haben wir kennengelernt. Sie sind notwendig, damit das Pflanzenwesen im Physischen in Erscheinung treten kann. Der Pflanzenengel ist die Wesenheit, die das Urbild der Pflanzen in der geistigen Welt hütet. Nach diesem Bild, das die Gesetze ihres Wachstums enthält, entstehen die Pflanzen. Die Pflanzenmutter ist eine hohe Wesenheit, deren Aufgabe darin besteht, diejenigen Elementarwesen zu behüten, welche die Pflanzen in der physischen Welt hervorzubringen haben. Die Pflanzenmutter ist mit der Erde tief verbunden. In ihr ruhen die Pflanzenelementarwesen wie in einem Samenzustand, wenn sie nicht unter den Pflanzen wirken, also in diese verzaubert oder gebannt sind. Die Pflanzenmutter selber ruht als eine eigene Wesenheit in der Madonna der Erde, die wiederum das hütende Wesen aller Elementarwesen ist. Diese mütterliche Gottheit hat für die Erde eine sehr wichtige Aufgabe und ist von den Menschen zu allen Zeiten verehrt worden. Indem man sich dem elementaren Geschehen zuwendet, das zu den Pflanzen gehört, wendet man sich immer auch diesem hohen Wesen der Erde zu. Die elementare Welt, der die Erscheinung alles Physischen zu verdanken ist, entstammt ihr. Die Elementarwesen sind Kinder der Erde, der Mutter Erde. Die Pflanzenmutter ist eine unter vielen Wesenheiten, die in der Wesenheit der Erdenmadonna ihren Platz haben. Genauso kann man die anderen hohen Hüterwesen der elementaren Welt finden.

Jede Pflanze wird nun von einer großen Anzahl von Elementarwesen belebt. Einige dieser Wesen sind bereits beschrieben worden. Dazu treten die Wesenheiten der elementaren Welt, die nicht mit der einzelnen Pflanze, sondern mit dem Ort verbunden sind, an dem die Pflanze wächst. Diese haben in der Regel die Fähigkeit, mit dem Menschen zu reden. Der Pflanzenvater ist eines dieser Wesen. Es sind Wesenheiten der elementaren Welt, die eine lange Entwicklung hinter sich haben. Sie sind sowohl mit den Pflanzen, die sie hüten, als auch mit der Landschaft, in der die Pflanzen stehen, verbunden. Zu dieser Gruppe gehören Wesenheiten, deren Aufgabe es ist, einen Garten, eine Waldlichtung oder auch nur einen Balkon mit seinen Pflanzen zu hüten.

Die Seele begegnet der Welt der Pflanzen nicht nur am Tag. Sie begegnet den Pflanzenwesen auch jede Nacht, während sie schläft. Diese Begegnung verläuft für den Menschen weitgehend unbewusst. Im Schlaf wird die Seele zu den Pflanzenwesen geführt. Die Seele löst sich, wenn sie einschläft, vom Körper. Sie lässt die physischen Lebensbedingungen hinter sich und bewegt sich in den Bereichen, die die Erde geistig umhüllen. Die schlafende Seele, die sich aus dem Zusammenhang mit dem Körper gelöst hat, tritt in die Wesenheit ein, die wir als die Erdenmadonna kennengelernt haben. Sie wird von ihr aufgenommen. Dadurch macht die Seele, ohne sich später daran erinnern zu können, Bekanntschaft mit den Wesen der elementaren Welt. Als ein Teil der Madonna der Erde begegnet die Seele den Wesen der elementaren Welt. Während die Seele das Reich der Madonna durchschreitet, berührt sie auch die Sphäre der Pflanzenmutter. Sie begegnet dem geistigen Organismus der Pflanzenwelt. Im Verlauf dieses Geschehens kommt der Zeitpunkt, da die Seele vor den hohen Engeln der Pflanzen steht. Sie schaut die Wesenheiten, die die Urbilder der Pflanzen hüten. Das ist ein bedeutungsvoller Augenblick. Die schlafende Seele erlebt die Pflanzenwesenheiten dadurch als Teil des eigenen Wesens.

Dadurch, dass die Seele diesen hohen Geistern der Pflanzen jede Nacht begegnet, nimmt sie bestimmte Kräfte auf, die sie braucht, um in einem irdischen Körper zu leben. Bestimmte Lebenskräfte durchströmen die Seele während der Begegnung mit den hohen Geistern der Pflanzen. Dadurch wird die Seele von den Auswirkungen des Wachlebens geheilt. Wäre das nicht der Fall, verlöre sie die Möglichkeit, sich wieder mit ihrem irdischen Körper zu verbinden. Sie verlöre den Faden zur Erdenwelt. Die Seele wird durch die Pflanzenwesen von den Schwächungen geheilt, die das Lebens im physischen Dasein mit sich bringt. Jeder Pflanzenengel hat eine besondere Gabe für die menschliche Seele. Der Pflanzenengel des Salbei hat eine andere Gabe als der Pflanzenengel des Rosmarin, der Engel der Rose eine andere als der Engel des Eichenbaumes.

In diesem nächtlichen Heilungsgeschehen wird das Urbild deutlich, das Pflanzen und Menschen verbindet. Die Pflanzenwelt zeigt das Bild der gesunden, lebenskräftigen Seele. In der Pflanzenwelt erstehen die Kräfte, welche die Seele davor behüten, dem irdischen Leben gänzlich zu verfallen. In den Pflanzen schaut sie ihre Gesundheit, schaut aber auch die Wesen, die sie durch ihre Hingabe ununterbrochen einem heilenden Strom aussetzen, der ihr die Fähigkeit belässt, für kosmische Kräfte offen zu sein.

Durch die Madonna der Erde führt der Weg der Seele zu den hohen Geistern der Pflanzen. Er führt durch den Schoß der Erde an das heilige Tor des Lebens, das die hohen Pflanzengeister bilden. Dort erfährt die Seele von den hohen Wesen, die die Schöpfer der irdischen Pflanzen sind, ihre ureigene Vollständigkeit. Jede Pflanze bewahrt einen Aspekt der unschuldigen, himmlischen Seele. Die hohen Pflanzenwesen sind deren Hüter.

Das hohe Wesen einzelner Pflanzen

Im Folgenden möchte ich an einigen Beispielen zeigen, welchen Einfluss bestimmte Pflanzenengel auf die menschliche Seele ausüben, wenn diese ihnen im Schlafbereich begegnet. Es geht dabei nicht um die physischen Pflanzen, sondern um den Zusammenhang zwischen der menschlichen Seele und einzelnen hohen Pflanzenwesenheiten.

Der Weißdorn wird von einem solchen geistigen Wesen gehütet, das Träger edler Kräfte ist. Diese haben vor allem mit der geistigen Entwicklung des Menschen zu tun. Dieses Wesen führt die Seele in Bereiche des Lebens, die weit über dem Sinnlichen liegen. Die Seele lernt durch den Weißdorn die Seelentore kennen, durch die sie in diese Bereiche eintreten kann. Der Weißdorn steht an dem Weg des Menschen, auf dem dieser seine geistigen Fähigkeiten entwickelt und annimmt. Der Weißdorn übergibt ihm die Kräfte, die ihn dazu befähigen, diesen Weg zu gehen und dabei den Mut, die Geduld und die Ausdauer nicht zu verlieren. Er mahnt ihn, nicht aufzugeben, aber sagt ihm auch, dass er sich nicht treiben lassen soll von Stimmen und Meinungen, die ihm von außen etwas aufzwingen wollen.

Das Gänseblümchen spricht anders zum Menschen. Durch diese Pflanze wird er daran erinnert, dass er einer großen Mutter, der Erde selbst, angehört. Es ist die Mutter Erde, die durch das Gänseblümchen zur Seele des Menschen spricht. Sie vermittelt der Seele, dass sie nicht fallen kann, dass sie keine Angst zu haben braucht vor dem Alleinsein, denn sie ist niemals allein. Sie kann es gar nicht sein, denn sie wird immer von der hohen Mutterwesenheit der Erde gehütet. Sie kann deshalb nicht fallen, nicht verloren gehen, nicht sterben. Es sind besondere Mutkräfte, das Vertrauen in die große Weltordnung und die Weltfügung, die die Seele so kennenlernt.

Das Wesen der Arnika hat eine starke Tiefenwirkung auf den Menschen. Es ist ein großer Heiler. Man kann fühlen, dass man von einem sehr starken Wesen ergriffen wird, das die gesamte Seele bis in das Lebensgefüge hinein durchdringt. Es wirkt dort, wo Not ist, wo Leid und Schwäche ist. Dieses Wesen vermittelt der Seele die Kraft der Zuversicht, dass auch im tiefsten Dunkel ein Licht ist. Es richtet den Menschen auf, der wirklich gefallen ist, der den letzten Mut verloren hat. Es hat Trost für jeden.

Die Rose ist das Licht, zu dem das Wesen der Arnika hinführt. Durch das Wesen der Rose wird der Seele ein Friedensmantel umgelegt. Sie tritt ein in den heiligen Schutz, nach dem jede Seele hungert und den sie in der Liebe sucht. In dem Wesen der Rose spricht sich die große Hoffnung aus, sich mit allem vereinen zu können, mit allen Wesen, sie alle wieder zu sich zu nehmen und keines zurückzulassen.

Das hohe Wesen des Frauenmantels tritt auf eine Weise an den Menschen heran, dass dieser an das erinnert wird, was wirklich sein eigenes heiliges Wesen ist. Jeder Mensch ist viel größer, als er meint. Er trägt als das Geheimnis seines Wesens viel mehr in sich, als er ahnt. Der Frauenmantel ruft die Seele auf, nicht nur das an sich gelten zu lassen, was sie kennt, sondern auch Aufmerksamkeit all dem zu schenken, was noch möglich sein wird und nur keimhaft ruht.

Das hohe Wesen des Schafgarbe berührt die menschliche Seele auf eigenartige Weise. Diese fühlt sich einem Wesen gegenüber, von dem sie nicht nur angeschaut, sondern durchschaut wird. Vor dem Blick dieser Wesenheit kann die Seele nichts verborgen halten. Sie wird entdeckt. Dieser Blick ist schwer auszuhalten. Es kann nur gelingen, indem man sich selbst gegenüber uneingeschränkte Wahrhaftigkeit walten lässt. Dass man sich selbst gegenüber unwahr ist, macht den Blick dieser Pflanzenwesenheit unerträglich. Das Wesen der Schafgarbe sucht nach der Wahrheit der Seele.

Durch die Begegnung mit der hohen Pflanzenwesenheit des Weizens lernt die menschliche Seele, sich auf die Erde und die unmittelbare Lebensrealität einzulassen. Die Wesenheit des

Weizens lockt die Seele zur Erde, schließt ihr das Tor zur Erde auf. Ein großes Ja erklingt, durch das die Seele aufgefordert wird, sich der Erde hinzugeben.

Von den hohen Pflanzenwesen der Algen, Pilze und Moose ergeht ebenfalls ein Ruf an die Seele des Menschen, sich der Erde und ihren verschiedenen Lebensreichen zuzuneigen.

Das Wesen verschiedener Baumgeister

Jeder Baum ist von einem hohen Wesen der elementaren Welt bewohnt, von einem Baumgeist. Er ist das höchste Elementarwesen eines Baumes, dem die Aufgabe zukommt, die anderen Elementarwesen des Baumes zu hüten. Er erfüllt in einer gewissen Weise für den einzelnen Baum die Aufgabe, welche die Pflanzenmutter für die Elementarwesen der Kräuter erfüllt. Die Baumgeister verkörpern die Elementarwesenintelligenz der Bäume. Sie stehen dem Menschen sehr nahe. Durch seine übersinnlich zu beobachtende Wesensart zeigt ein Baumgeist viel von dem Wesen des Baumes, dem er angehört. In ihm drückt sich dieses Wesen aus. Indem man ihn anschaut oder befragt, kann man Wertvolles über das Wesen des Baumes in Erfahrung bringen. Im Folgenden geben einige Baumgeister über das Wesen ihrer Bäume Auskunft.

Ganz in der Nähe meines Wohnortes befindet sich eine allein stehende Eiche. Es ist ein wunderbarer Baum, den ich immer wieder besuche. Ich konnte schon viel von ihm lernen. Für den Baumgeist ist es ein Bedürfnis, mit den Menschen in einen Austausch zu kommen. Er sagt:

> «Denke daran, dass du nicht nur auf der Erde gehst, sondern dass du durch sie hindurch gehst. Mit deinem Wesen gehörst du der ganzen Erde an, nicht nur einem Teil. Du trägst alle Aspekte des Lebens in dir. Keinen kannst du auf Kosten eines anderen für längere Zeit verleugnen. Sonst wirst du krank, weil du dich von der Erde entfernst. Sie, auch die unterirdische Erde, lebt in dir. Sie lebt besonders in der Wandlungskraft deiner Seele. Es ist die schöpferische Kraft, über die du verfügst, die du erhältst, weil deine Seele mit dem Licht der innersten Erde verbunden ist. Du gehst gar nicht über die Erde, sondern die Erde bewegt sich in dir. Du trägst sie in dir,

du trägst aber alle Aspekte ihres Lebens, also die Wirkungen aller Planeten und Sternenkräfte, die auch auf sie einwirken, die sie durchwirken und die in ihr erscheinen. Du kannst dich als ein Kind des Kosmos und der Erde fühlen. Das eine führst du in das andere und umgekehrt. Alles durchdringt sich gegenseitig in euch und deshalb könnt ihr das freie Wesen werden, das in euch lebt als die Zukunft der Erde. Wenn auch wir Geister der Bäume ebenso wie ihr dem Himmel und der Erde gleichermaßen angehören, sind wir dennoch nicht ihre Träger, wie ihr es seid, sondern werden von ihnen getragen. Die Erde empfängt uns, der Himmel empfängt uns, und wir bilden ab, was uns die hohen Wesen des Kosmos vormachen und vorschreiben. Euch bleibt etwas übrig, das nicht so in den Gesamtplan der Schöpfung hingegeben sein muss. Ihr habt einen Raum in eurem Wesen, der ist wie abgesondert, der ist eigen, der gehört wirklich euch und zu euch, an dem bildet und schafft ihr immer weiter und weiter. Ihr bildet, während wir gebildet werden. Dafür sind wir vollkommen. Wir sind vollständig ein Bild des lebendigen Seins. Ihr aber könnt fehlentscheiden, ihr könnt euch täuschen. Davor sind wir bewahrt, wir wären aber auch nicht in der Lage, das zu tragen, was aus Fehlentscheidungen entsteht. Wir haben kein Gewissen. Unser Gewissen ist die Wirklichkeit der kosmischen Welt, die uns aufnimmt, die uns führt, lenkt, an die wir hingegeben sind und die an uns hingegeben ist. Wir Geister der Bäume und des Lebens wünschen uns, dass ihr lernt, uns entgegenzukommen, dass wir uns gegenseitig berühren können. Wir wollen von euch berührt werden, und wir wollen euch zur Seite stehen können. Wir tun es längst, aber unser Stehen zu euch bleibt noch weitgehend unbemerkt. Darum macht euch auf den Weg, die in eurer Seele zu empfangen, die darauf warten, empfangen zu werden. Ihr wisst gar nicht, wie angenehm es für die Geister ist, vor offenen Seelentüren zu stehen. Wir empfangen von den Seelen der

Menschen, was wir von keinem anderen Ort des Kosmos erhalten können. Lernt nur recht das zu schätzen, was ihr der Erde hinzufügt, was durch euch auf der Erde geboren wird, durch die Kraft eurer Seele. Es wäre schon ein unschätzbarer Fortschritt, wenn die Menschen sich bewusst würden der Seelenkräfte, über die sie verfügen. Dann schlösse sich, was aufbrach, als die Menschen der Versuchung erlagen, frei zu werden, bevor sie die Kraft hatten, diese Freiheit zu ertragen.»

Der Baumgeist des Kirschbaum sprach zu mir folgende Worte:

«Die Erde leuchtet in ihren Tiefen. Die innere Sonne der Erde leuchtet. Das Dasein der Erde trägt diese innere Sonne. Es ist dazu bestimmt, sie zu tragen, sie zu hüten, sie zu schützen. Sie ruht in ihr. Darauf hin orientiert, dieses Leuchten zu hüten, sind die Erde und die Wesen, die auf und in ihr leben. Sie allesamt sind Träger der inneren Sonne der Erde. Die Gemeinschaft der Wesen der Erde sind solche Träger. Jedes Wesen hat seine Aufgabe in dieser großen Arbeit, die Erdensonne zu tragen. Auch den Menschen kommt ein Anteil an dieser Arbeit zu. Den Oberflächlichkeiten des Lebens nachzugehen, gehört nicht dazu. Was ablenkt, lenkt von der Erde ab, lenkt ab von der Aufgabe, die jeder Mensch gegenüber der Erde hat. Denn jede Seele ist ein Ort, an dem das tiefe Licht der Erde bewahrt, getragen, geschützt wird. Jeder Seele ist es eigen, Anteil zu haben an dem inneren Licht der Erde. Es ist die Zeit und Mühe nun gar nicht verschwendet, sich über diesen Anteil Gedanken zu machen und nachzuforschen, worin er besteht. Es ist schon so, dass ihr tief in euch graben müsst, um aufzuspüren und freizulegen, worin er besteht. Lasst euch gesagt sein, dass es dazu eher ein Fallen und Loslassen braucht. Denn ihr seid mit diesem Anteil begabt, weil ihr als Menschen auf der Erde geboren seid. Ihr entbehrt diesen Anteil nicht, ihr wisst nur nicht, wie er zu schauen und zu erleben ist. Vielleicht schaut ihr ihn in der Treue, die ihr der Erde gegenüber empfindet. Oder in der Liebe zu ihr oder der Hingabe, die in euch, in eurer Seele ist, wie ohne euer Zutun. Es ist ein kleines unbestimmtes Gefühl, das aber wachsen kann. Es kann, wenn ihr es einmal in euch gefunden habt, zunehmen, sich ausbreiten, in der Seele zu einer sehr starken Kraft heranwachsen, die euch aufrichtet, die euer gesamtes Sein durchstrahlt, durchbebt. Bürger der Erde sein heißt, sie annehmen wie ein Kind, zu dem man sich unendlich hingezogen fühlt. Mit diesem Gefühl aber steigt eure Seele zur Erde hinab, wenn ihr geboren werdet. Ihr liebt vielleicht zu keinem Zeitpunkt eures großen Lebens mehr als dann, wenn ihr als ungeborene Seele euch anschickt, geboren zu werden. Da wirkt das innere Licht der Erde auf euch und zieht euch an. Es wird euch etwas eingepflanzt, das ihr nie mehr verliert, auch durch keinen eurer vielen Tode. Es wird euch die Liebe, das Vermögen zu lieben, eingepflanzt. Von der Erde stammt es. Und als das Licht, das die Tiefenerde ausstrahlt, lebt es fort, lebt und durchdringt das Sein der Erde, das eurer Seelen wunderbare Wohnstätte ist, solange ihr einen Körper habt.»

Von einem Baumgeist der Ulme vernahm ich folgende Worte:

«Lebendiges Leben lebt und quillt und steigt und fällt immerzu in einem beständigen Kreislauf der Kräfte und Substanzen. Stillstehen kann der Lauf der Dinge nicht, wenn nicht etwas Krankes hervorgebracht werden soll. Deshalb steigen und sinken die Leben gebärenden Wesen des Daseins ohne Unterbrechung. Beständige Wandlung ist ihr Los und ihre Aufgabe. Im Verwandeln sind sie zuhause. Stetiges Wandeln ist ihre Daseinsaufgabe. Diese Wesen nehmen auf und geben wieder ab, ergreifen und lassen los, vereinen und isolieren, lösen und binden in einem fort. So aber verkörpert sich das Leben im fortlaufenden Strom der Wandlung, der aus den

Daseinszuständen der lebendigen Wesen gebildet wird. So wird die Erde gewoben. So wird Leben hervorgebracht. Und so verweben sich der Himmel und die Erde. Himmel wird auf Erde geboren durch das fortlaufende Band des Lebens. Und Irdisches steigt auf, vereint sich mit den Kräften und Wesen, die den Himmel tragen, die die Erde tragen, die das Leben zur Erscheinung bringen durch ihr Opfer. Licht gerät unter die Herrschaft der Finsternis, und Finsternis wird erlöst ins Licht, das ist der ewige Kreislauf der Dinge und Wesen. Wer in dieses Geschehen einstimmt, gibt sich nicht verloren, sondern gewinnt sein Leben. Auch der Seele ist dieses wandelvolle Leben eigen. Die Seele kennt es, wie sie sich selbst kennt. Wandlung ist ihr Leben, ihre Lebenssubstanz, ihr Liebesgrund. Auf dem Grund der Wandlung ruht die Seele, dadurch erst erhält sie ihre Festigkeit. Schauen muss sie nur, dass sie so ein Leben in sich hat und dass sie ihre Lebenskraft daraus zieht. Die Seele, die in der Lebenswandlung steht, fasst sich immer wieder neu aus sich selbst und lässt sich nicht fassen von etwas, das nur außerhalb von ihr ist und deshalb Macht über sie gewinnen will. Geschieht das aber doch, verliert sich die Seele. Ihr inneres Leben kann sie dem aber wirkungsvoll entgegen halten, was Macht über sie ausüben will. Dann gewinnt sie, was sie eigentlich hat, ihr höheres, reiches, großes Dasein. Dort ist aber die Seele zuhause, weil sie von dort stammt. So kann sie bei sich ankommen, indem sie das Leben in sich erkennt, über das sie verfügt, ohne viel dafür tun zu müssen. Das innere Leben ist eine Gabe, die man sich nicht erringen muss, sondern die man nur empfangen kann, indem man sie erwartet, nämlich aus der Eigenruhe der Seele.»

Von einem Baumgeist einer Esche erfuhr ich das Folgende:

«Stehe zu dir. Natürlich stehen die Wesen der Erde und der geistigen Welt zu dir. Aber doch nur, damit du lernst, zu dir zu stehen. Die Kraft des Ausgleichs ist in dir. Du kannst den Ausgleich in dir und durch dich finden. Du musst wissen, dass es diese Kraft als eine selbständige Kraft gibt. Sie lebt in dir. Du kannst über sie verfügen. Suche sie nur nicht in dir als dem alleinigen Ort ihrer Herkunft. Jeder Punkt, jedes Zentrum hat einen Umkreis, eine Sphäre um sich. Jeder Punkt kann nur bestehen, weil es einen Umkreis gibt. So kann die Seele des Menschen ihre Orientierung nicht ausschließlich aus sich heraus finden. Die Kräfte des Ausgleichs werden von außen an sie herangetragen. Indem sie erlebt, wie sie durch ihre Eigenschaft, eine Sphäre einzunehmen, ein Zentrum wird, schließt sie sich den Kräften des Ausgleichs auf. Indem der Mensch erlebt, wie seine Seele zwischen der Mitte, die sie bildet, und dem Umkreis, dem sie entstammt, atmet, wird er sich ihrer Wesenheit erst bewusst. Indem die Seele bis an die Hülle ihrer äußersten Sphäre geht, berührt sie die Sterne. Indem sie ihr Innerstes sucht, findet sie die Quellkräfte der geistigen Erde. Das Ich des Mensch kann nur in dem Körper leben, den er hat, weil seine Seele sich bis zu den Sternen und bis in die heilige Mitte der Erde hinein erstreckt. Eine vollständige Neuorientierung erfährt die Welt durch die menschliche Seele. Durch die Seelen der Menschen wird die Welt vollständig neu. Die Erde wird durch die Seelen der Menschen einer Verwandlung unterzogen. In Erscheinung tritt eine Lebenssphäre, die die Erde vollständig verwandelt. Wir Wesen der Bäume schauen auf die Menschen in der Art, dass durch sie für uns etwas erscheint, was an keinem Ort des Kosmos auftritt. Wir wissen, dass wir uns in den Seelen der Menschen vollständig geborgen fühlen könnten. Ein Reich des Friedens und der Erfüllung tritt mit jeder menschlichen Seele auf uns zu. Deshalb wünschen wir, dass es zu einer Begegnung kommt zwischen uns und euch. Wir wissen, dass die Zukunft davon abhängt, wie diese Begegnung sich gestaltet. Geschwister sind wir allemal. Doch es scheint, als hätten die Seelen der

Menschen die Erinnerung an diese Geschwisterschaft verloren. Deshalb rufen wir euch zu, euch zu erinnern. Die Welt, die uns geboren und hervorgebracht, hat auch euch geboren und hervorgebracht.»

Die Worte eines Buchengeistes klangen so:

«Aus den Weiten des kosmischen Daseins tritt heran an die Erscheinungen des lebendigen Lebens der Erde die Wahrheit, die Wirklichkeit des Seins. Indem die Seele des Menschen sich verwandt fühlt diesem Sein, es in sich entdeckt als eine Lebensqualität, gibt sie sich nicht auf, sondern gewinnt sich Schicht um Schicht zurück. Auf dem Lebensgrund ihres kosmischen Daseins steht die Seele des Menschen. Die Erde und ihre vielen Wesen sind Bilder des kosmischen Daseins, dem auch die menschliche Seele entstammt. Ihre geistige Herkunft kann die Seele bewiesen wissen, wenn sie die Wesen der Erde um sich schaut, denn sie haben dieselbe Herkunft wie sie. Bilder ihres eigenen Wesens schaut sie, wenn sie zur Erde schaut. Sie entdeckt sich selbst, wenn sie sich der Erde zuwendet. Die Keime ihres eigenen Daseins schaut sie in den Erscheinungen des irdischen Seins in Form von Bilden. Je bewusster der Mensch diese Verwandtschaft erkennt und damit umgeht, desto reifer wird er. In den Erscheinungen der Erde schaut er die Urquellen seines eigenen Wesens. Bilder seiner eigenen Herkunft kann er erkennen in dem, was ihn tagtäglich umgibt. Wahrbilder seiner eigenen Wesenheit schaut er in den Wesen und Erscheinungen der Erde. Indem er sie sprechen lässt, erfährt er über sich, aus welchen Zusammenhängen er geboren ist. Er muss sich nur den freien Blick und das wahrhaft lauschende Ohr aneignen. Er muss lernen das, was er wahrnimmt, als Wahrbild dessen zu sehen, was sich dadurch offenbart. So kann er den Himmel, das Meer, die Berge schauen und sich tief berühren lassen von dem, was sie ihm zeigen wollen, was sie ihm sagen wollen, wovon sie eigentlich Abbild sind. Es kann so eine neue Kultur des Wahrnehmens entstehen, durch die die Gewohnheit entsteht, mit der Seele wahrzunehmen und in die Sprache der Dinge und Wesen zu dringen. Wahrgenommenes beginnt so, seine Sprache in der Seele zu entfalten, und die Seele wird dazu geführt, die tiefe Verbundenheit zu erleben, die zwischen der Erde und ihr besteht als eine Lebensgesetzlichkeit, auf der aufbaut das Dasein der Erde.»

Worte eines Ahorngeistes:

«Sich gegenüber treu sein heißt, sich ausdehnen über die eigenen Grenzen hinaus. Es ist ein Wachsen, Treue zu erleben. Man wächst über die Kleinigkeiten des Lebens hinaus und verbindet sich mit dem Großen, das das eigene Wesen umfasst. Treue, die Kleinmut gebiert, ist falsch verstandene Treue, weil sie sich allein an dem orientiert, was unmittelbar augenscheinlich ist. Treue hat jedoch auch eine spirituelle Dimension. Sie ist göttlicher Natur. Treu sein kann man nur der eigenen Wahrheit gegenüber. Das ist man wirklich selbst. Ich bin ausgedehnt nach vielen Seiten hin. Vor allem erlebe ich mich, wenn ich mich kennenlerne, unbegrenzt. Ich lerne die Grenzen kennen, die ich überwinden kann. Was ich für Grenzen hielt, sind doch nur Schwellen. Was ich als Widerstände ansah, entpuppt sich als die Vorahnungen neuer Dimensionen. Widerstände sind Tore, die noch nicht durchschritten sind. Tritt man hindurch, zeigen sie ihren Wert. Was ich, der Geist des Ahornbaums, euch lehren möchte, ist der Umgang mit den Grenzen. Grenzen sind Räume des Schutzes. Grenzen garantieren Sicherheit, Geborgenheit, ruhiges Entwickeln. Gleichzeitig sind sie Spiegelflächen. An ihnen erscheint das, was eben noch verborgen ist, was sich gleich offenbaren möchte. Die Grenzscheiden weisen auf die Wahrheiten, die sich offenbaren möchten, die sich aber vor dem Bewusstsein, das man üblicherweise entwickelt, verbergen. Niemals sind Grenzen dazu da, zu beschränken. Eher dazu, dass Beschränkungen offenbar werden.»

Zum Schluss erklingen die Worte eines Birkengeistes:

«Im Geben liegt ein Geheimnis: dass der Gebende wächst, indem er gibt. Er vereinigt sich mit dem Wesen, dem er gibt. Es besteht dieser Strom von dem Wesen, dem gegeben wurde, zu dem, das gab. Das ist ein Strom inneren Wachstums. Dieser Strom geht durch die Erde. Wer gibt, erfährt sein Wachstum aus den Kräften der innersten Erde. Die Erde und ihre Wesenheiten geben dem, der gibt, sie füllen seine Seele auf eine besonderes Art aus. Wer gibt, muss deshalb nie die Empfindung haben, es würde ihm genommen, was er gibt. Er empfängt, nur empfängt er nicht von dem, dem er gibt, sondern von der Erde, vom geistigen Organismus der Erde. Ihr müsst nur lernen, auf das zu schauen, was von der Erde, von dem Ort, wo ihr euch auf der Erde befindet, euch persönlich gegeben wird. Die Gaben der Erde, die hier gemeint sind, sind nicht so leicht zu erkennen. Sie gelten der Persönlichkeit des Gebenden. Sie stärken ihn tief in seinem Wesen. Deshalb ist es nicht so leicht, diese Gaben zu erkennen, denn man muss Einsicht erhalten in den Zusammenhang, der zwischen der Erde, die man bewohnt, ihren geistigen Wesen, den Elementarwesen, und der eigenen Persönlichkeit besteht. Wenn das gelingt, wird man erfahren können, wie die Erde und ihre Wesen Impulse des Wachstums der Persönlichkeit des Menschen zukommen lassen können und wollen. Der Mensch ist keineswegs getrennt von den geistigen Wesen der Erde. Er ist sogar vollständig von ihnen durchdrungen. Das Ich des Menschen lebt fortwährend in einem tiefen Zusammenhang mit den geistigen Wesen der Erde. Es steht in einem beständigen

Austausch mit den geistigen Wesenheiten der verschiedenen Welten, die die Erde bilden und beleben und erhalten. Mit seinem Ich schaut der Mensch ununterbrochen in die geistige Welt. Das Ich lebt als ein Teil der geistigen Welt auf der Erde. In ihm begegnen sich Tod und Leben, in ihm ist die Schwelle des Übergangs zwischen den Welten, die Schwelle, welche die Seele überwindet, wenn sie geboren wird auf der Erde oder stirbt und ihren Leib verlässt. Das Ich lebt genau dort, wo sich die Welten begegnen. Dort entsteht Bewusstsein. An den Übergängen wird es entfacht.»

V Die Elementarwesen der Bienen

Einleitung

Die Bienen haben mich auf meinem persönlichen Weg von Anfang an begleitet. Der Beschäftigung mit diesen geheimnisvollen und rätselhaften Wesen hat mich immer wieder in Anspruch genommen. Dieser Forschungsarbeit habe ich viele wertvolle Erkenntnisse und Einsichten zu verdanken. Ich stünde woanders, wenn ich diese Arbeit nicht unternommen hätte.

Zum Glück traf ich immer wieder auf Imkerinnen und Imker, die mich unterstützen. Von ihnen habe ich sehr viel über die Bienen lernen können. Ich bewundere, mit welcher Hingabe und Liebe sie mit den Bienen umgehen. Ihre Erfahrungen, ihr Wissen und ihre Fähigkeit, dem Wesen der Bienen tief und dienend zu begegnen, berühren mich immer wieder tief. Es gibt keine Begegnung, durch die mir nicht Erstaunliches über die Bienen zu Ohren und zu Gesicht kam. Meine Forschung wäre ohne diese Begegnungen nicht denkbar gewesen.

Die Bienen sind in großer Not. Jahr für Jahr verschlechtert sich ihre Situation. Das geht soweit, dass das Aussterben der Bienen kein unmögliches Szenario mehr ist. Es gibt Gebiete auf der Erde, wo sich ihr Fehlen so auswirkt, dass die Bestäubung der Fruchtbäume durch Menschenhand erfolgen muss. Immer wieder hört man von Imkern, die vom unerwarteten Tod eines oder mehrerer Völker berichten. In den letzten Jahren tritt zunehmend ein bisher unbekanntes Verhalten der Bienenvölker auf: Sie verschwinden und lassen in den Bienenstöcken ein kleines totes Restvolk zurück, das nicht überlebensfähig ist. Brut und Vorräte werden verlassen, ohne dass ein offensichtlicher Grund dafür zu finden wäre. Man vermutet, dass eine allgemeine Schwäche zu dieser neuen Form des Bienensterbens führt, hervorgerufen durch die zahlreichen Belastungen, denen die Bienen durch den Menschen ausgesetzt sind.

Herauszufinden, woran die Bienen leiden, ist kein leichtes Unterfangen. Die Bienen sind offenkundig vielfältigen Störungen,

Belastungen und Bedrohungen ausgesetzt. Im Laufe der Zeit begriff ich, dass ich ihre Not erst dann verstehen würde, wenn ich die Aufgaben erkennen konnte, die sie für die Erde und für die Menschen erfüllen. Man kann nur heilen, was man zutiefst versteht. Der Frage nachzugehen, worin die Bedeutung der Bienen für die Entwicklung der Menschen und der Erde besteht, ist deshalb eines der wichtigsten Motive meiner Forschung.

Auf meiner Suche nach einem tieferen Verständnis der Bienen bin ich zuerst auf die Elementarwesen aufmerksam geworden, die mit den Bienen zusammenarbeiten. Sie haben mich auf die bedeutungsvolle Beziehung hingewiesen, die zwischen dem Menschen und den Bienen besteht. Ich fand in ihren Hinweisen wichtige Schlüssel, das geistige Wesen der Bienen zu verstehen. Es ist deshalb folgerichtig, wenn ich mich im Rahmen dieses Buches auf die Elementarwesen der Bienen beschränke. Die Ergebnisse meiner Forschungen, die sich auf weitere Aspekte der Bienen beziehen, sollen in einem nächsten Buch dargestellt werden.

Den Nichtimkern ist es möglich, die Arbeit der Imker zu unterstützen. Sie können es dadurch tun, dass sie sich den Bienen bewusst liebevoll zuwenden. Dadurch wird für die Bienen das Leben auf der Erde leichter. Aufmerksamkeit ist nach meiner Erfahrung eine Kraft, die sehr heilsam sein kann. Bewusstseinskräfte sind heilende Kräfte. Nicht nur die Menschen, die die Bienen hüten, haben ihnen gegenüber eine Verantwortung, sondern ebenso diejenigen, die dadurch, dass sie auf der Erde leben, mit dem Bienenwesen verbunden sind.

Den Menschen, die mich bei meiner Forschungsarbeit unterstützt haben und nicht müde wurden, meine Unwissenheit und Fragen zu ertragen, bin ich sehr dankbar. Ohne sie wäre meine Forschung nicht möglich gewesen.

Der Bienerich

Jedes Bienenvolk wird von einem bestimmten hochstehenden Wesen aus der elementaren Welt gehütet. Dieses Elementarwesen lebt zusammen mit dem Bienenvolk im Bienenkasten. Ich habe lange damit gerungen, welcher Name für dieses Wesen der beste wäre. Schließlich hat sich der Name Bienerich als der passendste herausgestellt. Der Bienerich ist, wie wir noch sehen werden, mit dem Leben der Bienen vielfältig verknüpft. Durch ihn erhält das Bienenvolk die geistige Lebenshülle, die es ihm erlaubt, ein Leben unter den Erdenbedingungen zu führen.

Die Sorge des Bienerichs gilt uneingeschränkt den Bienen, die er hütet, und der Entwicklung seines Volkes. Diese Sorge verlangt ihm vieles ab. Es ist gar nicht so, dass die Erfüllung seiner Aufgaben dem Bienerich leicht fallen würden. Das Gegenteil ist wahr. Gerade heute wird der Bienerich mit Lebensbedingungen konfrontiert, auf die er, wie viele Wesen der elementaren Welt, eigentlich nicht vorbereitet ist. Es treten Belastungen auf, die bisher im Gesamthaushalt der Erde keine Rolle gespielt haben. Ich möchte als Beispiele nur die Radioaktivität und die elektromagnetischen Strahlungen nennen, die der Mensch in den letzten Jahren und Jahrzehnten zusehends freisetzt. Dadurch werden die Wesen der elementaren Welt vor viele Schwierigkeiten gestellt. Es ist eine ernsthafte Forschungsfrage, wie wir sie als Menschen darin unterstützen können, mit diesen neuen Energien angemessen umzugehen.

Der Bienerich und der Tag-Nacht-Zyklus

Durch wiederholtes Beobachten erhielt ich Einblicke in die Lebenszyklen des Bienerichs. Dabei zeigte sich, dass sich der Bienerich jede Nacht von dem Bienenvolk, das er am Tag gehütet hat, löst. Sein Wesen schließt sich in der Nachtzeit der inneren Erde auf. Er verbindet sich mit der hohen Wesenheit der Erdenmutter. Nachdem er ein Weile im Schoß dieser Wesenheit geruht hat, steigt er wieder in das Bienenvolk auf. Der Bienerich trägt, obwohl er natürlich den Bienen verpflichtet ist, das Sehnen nach dem geistigen Reich, das man als das Reich der inneren, der mütterlichen Erde bezeichnen kann, beständig in sich.

Dadurch, dass der Bienerich in der Nachtzeit in die Erde hineinschlüpft, geht er in einer gewissen Weise seinen eigenen Entwicklungsweg zurück. Er macht die Entwicklung immer wieder von neuem durch, die dazu geführt hat, dass er seine Aufgabe als Hüterwesen der Bienen übernehmen konnte. Hochstehende Wesenheiten der elementaren Welt wie der Bienerich haben bereits einen bestimmten Entwicklungsweg hinter sich. Sie sind auf ihre Aufgabe vorbereitet worden. Indem der Bienerich sich der geistigen Erde hingibt, empfängt er erneut die Kräfte, die ihn dazu vorbereitet haben, seine Aufgabe zu erfüllen. In ihm lebt der Weg auf, der ihm erlaubt, als ein Wesen der elementaren Welt die Bienen zu hüten. Der Bienerich ist unter den Elementarwesen keine Ausnahme. Auch andere höhere Elementarwesen verbinden sich durch die Erde hindurch mit dem Wandlungsgeschehen, aus dem sie hervorgegangen sind. Der Bienerich begegnet Wesenheiten, die dem lebendigen Schoß der Erde sehr nahe stehen. Er wird dadurch dessen teilhaftig, was man das stille Geheimnis der Erde nennen kann. Er nimmt das heilige Licht der inneren Erde in sich auf. Dieses Licht ist der eigentliche Lebensstrom, das Lebensbrot des Bienerichs. Er kann sowenig ohne dieses Licht seine Aufgabe erfüllen, wie wir Menschen ohne Schlaf wach sein könnten. Es ist eine Art Wiedergeburt, die der Bienerich dadurch erfährt, dass er das heilige Licht der Erde in sich aufnimmt.

Dieser Nacht-Tag Rhythmus ist nun nicht nur für den Bienerich von Bedeutung, sondern weist ebenso auf eine wichtige Wesenseigenheit der Bienen. Die Erneuerung, die der Bienerich dadurch erfährt, dass er mit der geistigen Erde verbunden bleibt, wirkt sich auch im Bienenvolk aus. Tatsächlich kann man beobachten, dass die Bienen dadurch, dass der Bienerich teilhat an der geistigen Erde, verbunden werden mit einer Kraft, die sie dem Erdensein eingliedert. Durch das lebendige Verbundensein des Bienerichs mit der Erdenmutter steht auch das Bienenvolk unter dem Einfluss der Erde. Der Atem, der den Bienerich der geistigen Erde angehören lässt, durchweht auch das Bienenvolk. Es nimmt daran teil, ja wird dadurch eigentlich genährt. Das, was dem Volk durch den nächtlichen Weg des Bienerichs zukommt, ist schwer in Begriffe zu fassen. Es gibt für diese Qualität noch kein Wort. Sie ist aber derart, dass man sagen möchte, die Bienen werden durch den Weg des Bienerichs von geistigem Honig ernährt.

Der Bienerich und der Imker

Der Bienerich gehört zu der Gruppe der hoch entwickelten Wesen der elementaren Welt. Als ein solches hat er nicht nur Aufgaben in Bezug auf bestimmte Naturprozesse. Er schaut auch mit einem besonderen Blick auf die Menschen. Neben seinen Aufgaben, die er für die Bienen erfüllt, ist er auch für die Welt der Menschen wach. Es ist für die Wesen der elementaren Welt eine besondere Kraft vonnöten, ihren Blick zum Menschen richten zu können. Was uns leicht und selbstverständlich erscheint, ist für die Elementarwesen mit großen Widerständen verbunden. Sie sind Wesen mit einer ganz anderen Natur als die Menschen. Was ihnen von den Menschen entgegenkommt, kann derart sein, dass es zerstörerisch oder desorientierend auf sie wirkt. Sie müssen sich eine Kraft angeeignet haben, um den Menschen auszuhalten. Der Bienerich ist durch seinen Entwicklungsgang mit dieser Kraft versehen. Er wird deshalb von den Elementarwesen selbst Elementarwesenmeister genannt.

Wenn man nun verstehen will, worin die Bedeutung des Bienerichs für das Bienenvolk besteht, ist es wichtig, sich richtige Vorstellungen zu bilden von der Beziehung, die zwischen hochstehenden Elementarwesen, also Elementarwesenmeistern, und dem Menschen besteht. Diese Elementarwesen haben bereits vom Menschen bestimmte Dinge gelernt. Sie können auf Erfahrungen mit dem Menschen zurückgreifen. Sie haben die Kraft entwickelt, dem Menschen als seelisches und geistiges Wesen zu begegnen. Durch den Kontakt mit dem Menschen hat sich ihr Wesen verwandelt. Man kann immer wieder finden, dass für Elementarwesen der Kontakt mit dem Menschen eine große Bedeutung hat. Das Reich der Menschen ist für sie ein Reich, das bedeutende Veränderungen in ihrem Wesen hervorruft.

Die Verbindung, die der Imker dadurch mit der elementaren Welt eingeht, dass er die Bienen pflegt, ist auf jeden Fall tiefgreifend. Die Verbindung zwischen dem Imker und den Bienerichen seiner Völker besteht nämlich nicht nur dann, wenn er bei den Bienen arbeitet, sondern umfasst seine gesamte Lebenszeit, also auch die Phasen, in denen er nicht wachbewusst ist. Es lässt sich beobachten, dass er bis in den Schlaf hinein mit dem Bienerich im Kontakt steht. Es gibt einen Strom, der zwischen der Seele des schlafenden Menschen und den Wesen der elementaren Welt fließt. In der Regel bleibt er unbemerkt, kann aber durchaus bis ins Wachbewusstsein hinein wahrgenommen werden. Dazu ist es nötig, sich mit erhöhter Aufmerksamkeit dem zuzuwenden, was die Seele aus dem Schlafbereich aufnimmt. Imker haben mir immer wieder erzählt, wie sie auf intuitive Weise Wichtiges zur Pflege der Bienen empfangen haben. Es gibt Imker, die diese Quelle für ihre Arbeit ganz bewusst nutzen. Natürlich müssen für eine artgerechte Bienenhaltung entsprechende Kenntnisse und viele Erfahrungen dazukommen. Ich habe aber häufig erlebt, dass Imker, oft ohne es zu wissen, in einer lebhaften Zusammenarbeit mit den Wesen der elementaren Welt stehen. Sich mit den Bienen zu verbinden bedeutet, dass man mit den Wesen der elementaren Welt, vorrangig mit dem Bienerich, in einen stillen Kontakt tritt.

Der Imker wird, wenn er seine Bienenvölker besucht, von einem der Bieneriche begrüßt. Dieser nimmt dazu eine menschenähnliche Gestalt an und tritt vor den Imker hin. Dieser grüßt den Imker und wünscht, ebenfalls begrüßt zu werden. Es wundert ihn, wenn man ihn nicht beachtet. Er steht still da und wartet ab, was der Mensch tut. Dieses Verhalten des Bienerichs zeigt, dass er ein unaufdringlicher, aber wacher Begleiter des Menschen ist, der dessen Freiheit unbedingt achtet.

So ist es ein Fehler, wenn der Imker gleich nach seiner Ankunft bei den Völkern an die Arbeit geht. Dadurch verfehlt er den Augenblick, in dem er den Bienerichen begegnet. Die innere Ruhe bewahrend, kann man den feierlichen Charakter wahrnehmen, der diese Begegnung hat. Voller Erwartung wird man von einem Wesen der anderen Seite begrüßt. Es liegt ein wichtiges Geheimnis in der Langsamkeit, im Wartenkönnen und im Loslassen der eigenen Vorstellungen und Ideen. Es ist dies die Voraussetzung dafür, als Mensch für die Wesen der elementaren Welt ein Partner zu werden, mit dem sie in Kontakt treten können. Sie haben in der Regel ein anderes Tempo als der Mensch. Sie haben das Tempo des ruhigen und krafterfüllten Wachstums. Nur wenn der Mensch sich auf dieses Tempo einzulassen vermag, können sich Seelenräume öffnen, durch die sich die Wesen der elementaren Welt dem Menschen offenbaren können.

Der Bienerich hat als ein Wesen der elementaren Welt eine tiefe Verbindung mit dem Bienenvolk, mit dem er zusammenlebt. Was er tut, geschieht im Auftrag des Bienenwesens. Das ist der Grund, weshalb es für den Imker und seine Arbeit einen großen Fortschritt bedeutet, wenn er den Bienerich in die Pflege der Bienen miteinbezieht. Ich habe immer wieder beobachten können, dass dieser Austausch in jedem Fall stattfindet. Es ist nur nicht so leicht, sich davon eine bewusste Wahrnehmung zu verschaffen. Der Bienerich ist aber genauso wie mit dem Bienenvolk auch mit dessen Imker verbunden. Das heißt, dass der Bienerich seinen Imker kennt. Tatsächlich kann der Bienerich verschiedene Menschen deutlich voneinander unterscheiden. Ebenso hat er eine Wahrnehmung für die verschiedenen Gemütszustände des Imkers. Er kann von Zeit zu Zeit in das höhere Wesen eines Menschen hineinschauen. Er schaut in dieses Höhere wie in ein Licht, wie in eine Kraftquelle, über die der Mensch als einen Teil seines eigenen Wesens verfügt. Der Bienerich sehnt sich nach dieser Quelle. Indem er dem Menschen begegnet, kommt er dieser Quelle näher. Dadurch setzt aber eine Verwandlung ein, die nur durch den Menschen erfolgen kann.

Der Bienerich ist befähigt, der Seele des Imkers ein Stück in die Welt zu folgen, die sie im Schlaf betritt. Dazu sind nur hohe Elementarwesen in der Lage. Es gehört eine gewisse Vertrautheit mit der menschlichen Wesensart dazu und natürlich eine besondere Kraft, denn in der Regel ist die Grenze, die die Seele des Menschen überschreitet, wenn sie sich vom Körper löst, für Wesen der elementaren Welt unüberwindbar. Der Bienerich ist zu diesem Schritt nur durch den Kontakt mit einem ganz bestimmten Menschen, nämlich seinem Imker, in der Lage. Es ist gerade diese persönliche Beziehung, die dem Bienerich dazu verhilft, hinter den Schleier zu schauen, der für ihn der Schleier des Schlafs oder, anderes gesagt, der Schleier des Todes ist. Es ist das Ich eines Menschen, das dem Bienerich das zur Verfügung stellt, was er braucht, um in das Reich zu schauen, das unter den Elementarwesen das Reich der Seele genannt wird. Indem der Bienerich nun der Seele seines Imker in den Schlaf folgt, geschieht das Besondere, dass er mit dem Imker in ein Gespräch tritt. Er belehrt seinen Imker. Es mag eine schwer zu begreifende Vorstellung sein, dass ein Mensch im Schlaf von einem Wesen der elementaren Welt belehrt werden kann. Doch es ist dies tatsächlich der Fall. Die Seele des Menschen ist im Schlafzustand so empfänglich, sie ist auf eine besondere Art wach, dass sie dem zu folgen in der Lage ist, was als ein geistiger Sprachstrom zwischen ihr und dem Bienerich fließt. Wenn der Mensch aus dem Schlaf erwacht, kann er manchmal einen Nachklang dieses Gespräches wahrnehmen. Es ist vielleicht nur als schwaches Gefühl vorhanden. Es kann aber auch in Form einer Gewissheit auftauchen oder sogar eines Gedankens, der die Veranlassung zu einem ganz bestimmten Entschluss bildet.

Während der Imker bei seinen Bienen ist und sie pflegt, besteht zwischen ihm und dem Bienerich eine große Nähe. Sobald er ein Volk öffnet und einen Eingriff vornimmt, steigt der Bienerich aus seinem Volk heraus und begibt sich in den Bereich zwischen dem Volk und dem Menschen. Es lässt sich beobachten, dass er sich in den Menschen hineinlegt. Er verschmilzt mit der Aura des Imkers. Er lebt im Imker drinnen. Es mag vielleicht eine ungewöhnliche Vorstellung sein, dass sich ein Wesen der elementaren Welt auf diese Weise mit einem Menschen verbindet, man kann es aber übersinnlich beobachten. Für den Imker ist die Nähe des Bienerichs eine spürbare Realität. Das ist auch der Fall, wenn er ihn nicht sieht. Der Imker kann bemerken, dass dadurch, dass er an seinen Völkern arbeitet, mit ihm eine Veränderung vor sich geht, die auch sein Bewusstsein betrifft. Das Arbeiten an den Völkern ruft einen besonderen Bewusstseinszustand hervor. Tatsächlich berichten mir Imker immer wieder, dass sie, wenn sie an den Bienen arbeiten, den Zusammenhang mit Raum und Zeit verlieren. Sie sagen, dass die Zeit durch die Bienen ein anderes Maß bekommt. Zeit verschwindet. Das ist aber nun gerade ein Anzeichen dafür, dass sich der Imker bei seiner Arbeit in einem innigen Zusammenklang mit den Wesen der elementaren Welt befindet. Zwischen dem Bienerich und dem Imker findet eine Verschmelzung statt. Menschenwelt und Elementarwelt berühren und durchdringen sich. Die Schilderung dieser Tatsache mag irritieren und sogar Ängste hervorrufen. Man meint, die Autonomie zu verlieren, auf die man das eigene Leben gegründet hat. Es ist aber eine geistige Realität, dass es zwischen dem Menschen und den Wesen der elementaren Welt zu vielfältigen Berührungen kommt, die jedoch in den meisten Fällen unbemerkt bleiben. Dabei befindet sich der einzelne Mensch in einem stetigen Kontakt mit Wesen aus der elementaren Welt. Er hat dafür in der Regel nur eine schwache oder gar keine Wahrnehmung.

Beide, der Bienerich und der Imker, erfüllen die gleiche Aufgabe, jeder allerdings auf seine Weise. Es ist wirklich so, dass sie zusammengehören. Es ist deshalb für die Bieneriche und für die Bienen ein willkommener Schritt, wenn der Imker die Beziehung zu den Bienerichen seiner Völker immer bewusster gestaltet und lebt. Es kommt dem gesamten Bienenorganismus und den Aufgaben der Bienen entgegen, wenn sich der Imker mit dem Zusammenhang befasst, der zwischen dem Volk der Bienen und der elementaren Welt besteht. Damit öffnet sich ein Erfahrungsbereich, der einen wesentlichen Fortschritt in der Bienenpflege bedeuten kann. Der Mensch kommt in die Lage, sich den Bienen auf eine bewusste Weise zu nähern, indem er ihre geistigen Lebensbedingungen kennenlernt.

Der Bienerich liebt die Stille, die von der Seele des Menschen, der die Bienen besucht, ausgeht. Das, was in der Seele des Menschen lebt, strahlt hinein in die Welt der Elementarwesen. Es sind ganz bestimmte Wirkungen, die vom Menschen auf die Elementarwesen übergehen. Es ist eine Tatsache, dass der Mensch mit den Wesen der elementaren Welt zusammenarbeitet, ohne es bemerken zu müssen oder auch nur zu wollen. Die innere Stille erlaubt dem Menschen, sich selbst und gleichzeitig den Ort, an dem er sich befindet, zu erleben. Für den Bienerich – und eigentlich für alle Wesenheiten der elementaren Welt – bedeutet das einen Segen. Denn durch einen Menschen, der sich im Gemütszustand der Stille befindet, können sie an einem Geschehen teilnehmen, das sie in große Aufregung versetzt. Es ist wirklich so, dass ein stiller Mensch in der elementaren Welt nicht für Stille sorgt, sondern für Aufregung. Denn den Elementarwesen wird dadurch erlaubt, eine besondere Erfahrung zu machen. Sie begegnen erst durch die Stille der Seele dem, was der Mensch eigentlich ist, sie machen die Erfahrung des Tiefmenschlichen. Die Stille gestattet dem Bienerich, ohne störende Nebenklänge in einem bestimmten Menschen dessen wahre geistige Natur zu schauen. Dieses Hinblicken ist ein Segensaugenblick für ihn. Das ruhige, stille «Nichtswollen» ist tatsächlich eine Seelenhaltung, die die Wesen der elementaren Welt in Berührung bringt mit einer geistigen Quelle, die durch den Menschen selbst spricht.

Meine Begegnung mit dem Bienerichwesen

Das erste Zusammentreffen mit einem Bienerichwesen fand für mich recht unerwartet mitten im Winter statt. Ich hatte durch meine Forschungen die Gewissheit gewonnen, dass ein Bienenvolk ein Elementarwesen haben musste. Ich hatte aber noch keines zu Gesicht bekommen. Es war Februar, und ich ging an einem alten Apfelbaum vorbei, der nicht weit von einer stark befahrenen Straße stand und über und über mit Efeu bewachsen war. Da sah ich in der Krone des Baumes ein helles Wesen stehen. Es musste nach dem, was ich bisher wusste, ein Bienerich sein. Ich war aber nicht sicher. Ich wunderte mich, ihn dort anzutreffen, denn wie sollte ein Bienenvolk im Winter in dem Baum überleben können. Ich ging näher heran und suchte das Volk, doch ich konnte in dem dichten Efeubewuchs keines entdecken. Der Bienerich oder das Wesen, das ich dafür hielt, blieb an seinem Ort. Es schaute still und aufmerksam zu mir herab. Auf mein Fragen antwortete es aber nicht. Der Baum lag auf meinem Weg in die Schule, in der ich unterrichte, und so begegneten wir uns täglich. Mit der Zeit trat es mir auch entgegen, wenn ich mich dem Baum näherte, und ich konnte es in seiner ganzen Gestalt bewundern. Manchmal begleitet es mich auch ein kleines Stück auf meinem Weg, verschwand aber nach einer Weile auf seinen Baum. Unsere Kommunikation verlief ohne Worte.

Eines Tages besuchte ich den Baum. In der Nähe standen zwei Bänke, bei denen sich häufig Jugendliche und Nachbarn trafen. Ich ging auf die Bänke zu und sah, dass der Bienerich bereits auf einem der Bänke saß und mich erwartete. Ich setzte mich neben ihn und ehe ich mich versah, hatte er auf meinem Schoß Platz genommen. Ich begann wiederum, ihn nach seinem Volk zu fragen. Er blieb aber stumm und schaute in den Himmel. Es war sonnig, kaum eine Wolke war zu sehen, und es versprach ein schöner, friedlicher Tag zu werden. Der Bienerich war ganz ruhig und schaute andächtig in das blaue Rund des Himmels. Mir schien, dass er betete.

Da hörte ich ihn das erste Mal sprechen: «Schau dich um, Lieber. Bewundere, was du siehst, was sich deinen kleinen Augen eröffnet, wenn du sie gebrauchst, um zu schauen wie ein Kind. Wir und die Erde brauchen euren Kindersinn. Solange ihr den vor der Erde verbergt, wird sie kränkeln».

Dann war er wieder still. Er forderte mich dadurch auf, es ihm gleichzutun und in kindlicher Neugier und Freude den Himmel zu bestaunen.

Nach einer Weile fuhr er fort: «Siehst du, wie schön alles ist, wie wunderbar geschaffen und sinnreich? Wie alles zusammenstimmt und wie eins in allem ist? Dann hast du die erste Lektion bestanden».

Danach begann er auf mein innerliches Fragen über sich zu reden: «Ich habe mein Volk verloren. Es ist gestorben. Dadurch bin ich meiner Aufgabe enthoben. Ich bin nun frei. Ich bin davon befreit, Wächter der Bienen zu sein, ich war es lange genug, nun bin ich für neue Aufgaben bereit».

Ich fragte, welche das seien.

«Du erfährst es gerade», antwortete er. «Wir freien Bieneriche dürfen zu euch treten. Wir dürfen zum Menschen sprechen und ihm helfen».

Dann verabschiedete er sich.

In den folgenden Wochen sah ich ihn zwischen den Menschen, die sich bei den beiden Bänken trafen. Ich sah, dass er ihnen half, sich besser zu verstehen. Das tat er, indem er die Schleier wegräumte, die zwischen ihnen vorhanden waren und sie daran hinderten, sich vorurteilslos zu begegnen.

Nach Ostern im selben Jahr hielt ich vor Freunden einen Vortrag, in dem ich das erste Mal meine übersinnlichen Beobachtungen zu den Bienen darstellte. Unter anderem schilderte ich, was ich über das Wesen des Bienerichs schon erfahren hatte. Im Bus auf dem Nachhauseweg fühlte ich schon einige Stationen vor dem Aussteigen die Wesenheit des freien Bienerichs. Die Haltestelle befand sich nicht weit von seinem Baum. Als ich ausstieg, sah ich ihn zu meiner Überraschung vor mir stehen. Er schaute mich freudig und anerkennend an und setzte sich auf meinen Rollkoffer. So ließ er sich in unsere Wohnung kutschieren. In den nächsten Wochen wich er nicht von meiner Seite. Er begleitete mich, wohin ich ging. Er erklärte mir, dass er nun bei mir bleiben würde. Er würde mich inspirieren können. Er war zu meinem persönlichen Bienerich geworden.

In der folgenden Zeit lernte ich andere Menschen kennen, die ebenfalls einen persönlichen Bienerich hatten. Es waren natürlich vor allem Imker. So hatte ich die Möglichkeit, die Aufgaben der persönlichen Bieneriche immer besser kennenzulernen. Allgemein kann man sagen, dass die Bieneriche helfen, wenn es um die Verwirklichung der eigenen Lebensmotive geht. Sie sind große Helfer für den Menschen. Beachtenswert ist, dass die Bieneriche, die so einem Menschen zugehören, eine sehr eigene, beinah individuelle Gestalt erhalten. Die enge Verbindung mit einem Menschen trägt dazu bei, dass sie eine Wesensart entfalten, die sich der menschlichen annähert. Das bedeutet, dass sie unverwechselbare Merkmale entwickeln. Sie tun das allerdings nicht aus sich heraus, sondern dadurch, dass sie ein Dasein in der Nähe eines Menschen führen.

Der Tod eines Bienenvolkes bedeutet in der Regel das Freiwerden eines Bienerichs. Er kann sich nun mit einem Menschen verbinden. Oder er verbindet sich mit einer Gemeinschaft, einer Familie, einem Paar, einer Schulklasse, einer Gemeinde oder einem Arbeitskollegium. Er bleibt dann aber nur für eine bestimmte Aufgabe, welche die Gruppe zu lösen hat. Denn die Arbeit für eine Gruppe nimmt ihn so in Anspruch, dass er sehr schnell erschöpft ist. Die Arbeit für eine Gemeinschaft nimmt ihm Kraft, die für einen Menschen gibt ihm Kraft.

Eine Gemeinschaft kann er dadurch unterstützen, dass er den einzelnen Mitgliedern dazu verhilft, ein besseres Verständnis füreinander zu entwickeln, sich besser zuzuhören und sich genauer gegenseitig wahrzunehmen. Der Bienerich tut das, wenn die Gemeinschaft zusammenkommt. Nur dann kann er seine heilende Wirkung entfalten. Er steht dann im Auftrag der Wesenheit, die aus dem Geistigen für die jeweilige Gemeinschaft wirkt.

Der Weg des Bienerichs zu den Menschen

Durch die Ausführungen mag deutlich geworden sein, wie tief das Verhältnis zwischen dem Bienerich und dem Imker ist. Ein Elementarwesen legt einen langen Entwicklungsweg zurück, bis es ihm möglich ist, in ein solches Verhältnis zu einem Menschen zu treten. Wir wollen nun fragen, was es für einen Bienerich bedeutet, wenn er sein Volk verliert, um zu einem freien Bienerich zu werden. Das Bienenvolk und somit die Bienen endgültig zu verlassen, ist für den Bienerich ein großer Schritt, denn er tauscht einen Lebensbereich, der ihm vertraut geworden ist, gegen einen neuen ein, der für ihn noch voller Unwägbarkeiten steckt. Obwohl er viel Kontakt mit Menschen gehabt hat, kommt er in ein Reich, das sich von denen, in denen er bisher tätig war, stark unterscheidet. Der Bienerich wird von den Tätigkeiten für die Wesen der Natur entbunden und zum Begleiter eines Menschen. Es ist wahrzunehmen, dass er, der dazu übergeht, ein freier Bienerich zu werden, eine Prüfung durchmachen muss. Diese besteht im Wesentlichen darin, dass er zum ersten Mal den Abgrund kennenlernt, den für den Menschen das Leben auf der Erde bedeutet. Der Bienerich wird während des Übergangs zu einem Dasein als freier Bienerich an das Geheimnis des Seelentods geführt. Damit ist das Stehen vor dem Nichts gemeint. Jeder Mensch hat ein Erlebnis dieses Nichts. Diesen Abgrund kennen die Wesen der elementaren Welt nur vom Hörensagen. Für die Menschen ist er aber eine Lebensrealität. Der Bienerich, der auserwählt ist, ein freier Bienerich zu werden, wirft einen Blick in den Abgrund, den jede menschliche Seele kennt und in sich hat. Die Kenntnis von diesem Abgrund und der Umgang mit ihm gehören zu einer Erfahrung, die nur Menschen, nicht aber Wesen der geistigen Welt wie die Elementarwesen haben können. Sie bilden eines der Grundgerüste der menschlichen Existenz. Kein Elementarwesen kann zu einem Begleiter der Menschen werden, das nicht die Abgründe der menschlichen

Seele gesehen hat. Diese erst geben ihm die Kraft, einem Menschen beizustehen.

Denn der Blick in den Seelenabgrund ist nicht nur ein Blick in die Finsternis, sondern er offenbart dem Bienerich noch ein zweites und wesentliches Geheimnis. Er schaut das Wesen, das den Menschen davor bewahrt, den Kräften, die aus dem Seelenabgrund auf ihn wirken, gänzlich zu verfallen. Er schaut den Christus. Er schaut die Wesenheit, die den Lebensgrund jeder menschlichen Seele bildet, als die Kraft der inneren Aufrichte und der Klarheit auch angesichts der Kräfte des Todes. Diese Wesenheit schützt den Menschen vor den Anfeindungen, denen er ausgesetzt ist und die ihn täuschen und blenden wollen über seine ihm innewohnenden bedeutsamen Kräfte zur Verwandlung, zur Versöhnung und zur Freiheit.

Der Bienerich macht durch diese Erfahrung wesentliche Schritte in der Entwicklung seines Wesens. Die Bedeutung dieser Entwicklung eines Elementarwesens für die Erde ist in keiner Weise zu unterschätzen.

Die Geburt eines Bienerichs

Bevor der Bienerich sein Amt ausübt, wird er auf seine Aufgabe vorbereitet. Das geschieht auf mehrfache Weise. Ein Bienerich hat eine Entwicklung hinter sich. Das bedeutet bei einem Elementarwesen, dass es stufenweise an die Aufgabe herangeführt wird. Es lernt, sich vertraut zu machen im Umgang mit verschiedenen Lebensbereichen, durch die es hindurchgeführt wird, bis es bereit ist, die große Aufgabe eines Bienerichs zu erfüllen.

Man kann nun die Beobachtung machen, dass Bieneriche die letzte Zeit ihrer Entwicklung im Wesen eines Bienerichs verbringen, der bereits ein Bienenvolk hütet. Diese Jungbieneriche sind während der letzten Stufe ihrer Entwicklung Teil eines aktiven Bienerichs. Man kann sich das in der Art vorstellen, dass die Jungbieneriche sich im Wesen des Altbienerichs wie heranreifende Samen in einer Blüte befinden, etwa wie die Kerne in der Blüte einer Sonnenblume. In diesem Samenzustand lernen sie das Handwerk des Bienerichs kennen. Sie lernen durch Zuschauen und Miterleben. Das genügt ihnen. Der Mensch erwirbt sich neue Fähigkeiten, indem er übt. Für Elementarwesen ist Üben unnötig. Bei ihnen ist Wahrnehmen und Lernen eins. Deshalb können sich die Bienerichlehrlinge die notwendigen Fähigkeiten und Kenntnisse aneignen, indem ihr Wesen in Samenform im Wesen eines tätigen Bienerichs ruht.

Die Geburt eines Bienerichs wird durch das Schwärmen eines Volkes ausgelöst. Der alte Bienerich schickt, wenn der Zeitpunkt des Schwärmens gekommen ist, einen Bienerich aus dem Kreis der Lehrlinge mit dem schwärmenden Volk fort. Er selbst bleibt bei dem Teil des Volks, das nicht schwärmt, im Kasten zurück. Es ist also ein Jungbienerich, der mit dem abgehenden Schwarm mitzieht. Er wird in dem Augenblick geboren, da er mit dem schwärmenden Volk auszieht. Aus dem Schwarm entsteht das Volk, das er später hüten wird.

Der Jungbienerich wird durch den Altbienerich dazu aufgerufen, mit dem Schwarm mitzugehen. Dazu schlüpft er in die Aura der Königin und zieht so mit dem ausschwärmenden Volk davon. Sein Wesen ist immer noch in einem keimhaften Zustand. Erst wenn sich der Schwarm in einen Baum hängt und sich zur Schwarmtraube zusammenzieht, tritt der Bienerich sein Amt an. Die Schwarmtraube ist der Augenblick, in dem der Bienerich sein Volk erhält. Jetzt bekommt er seinen Auftrag.

Man kann gut fühlen, dass die Bildung der Schwarmtraube ein großes und feierliches Ereignis ist. Vor einer Schwarmtraube zu stehen, ist sehr ergreifend. Es ist ein kaum zu beschreibender Zauber, eine tiefe und geheimnisvolle Ruhe, die von einer Schwarmtraube ausgehen. Die Bienen sind immer noch auf Wanderschaft. Sie haben noch keine endgültige Bleibe gefunden. Suchbienen machen sich auf den Weg und kundschaften die Umgebung nach geeigneten Orten aus, an denen sich das neue Volk niederlassen kann.

Der Bienerich wird, sobald sich die Schwarmtraube gebildet hat, in sein neues Amt eingesetzt. Er stellt sich in den Dienst der Bienenkönigin. Wenn man den Bienerich in diesem Augenblick schaut, sieht man, in welcher Aufregung er sich inmitten der Bienen befindet. Er fühlt die Bedeutung dieses Augenblicks und die Würde, die ihm dadurch verliehen wird.

In diesem Moment wird in der elementaren Welt eine heilige Handlung vollzogen. Es mag vielleicht verwundern, dass es solche Vorgänge in der Welt, die den üblichen Sinnen verschlossen ist, gibt. Wer aber in die geistige Realität der Erde hinein fühlt oder schaut, wird immer wieder Gelegenheit haben, solchen heiligen Handlungen beizuwohnen. Die Wesen der elementaren Welt sind Teil dieser Handlung, die aber von Wesen der höheren geistigen Hierarchien geleitet wird. Es gibt eine ganze Reihe von solchen Ritualen unter den Elementarwesen, beispielsweise Prozessionen. Besondere Naturstimmungen, etwa der Aufgang der Sonne, sind Hinweise darauf, dass sich unsichtbare Rituale in der elementaren und geistigen Welt vollziehen.

Irgendwann löst sich die Schwarmtraube wieder auf, und der Schwarm fliegt weiter, um in eine neue Behausung einzuziehen. Beim Weiterfliegen, also nach der Einsetzung des Bienerichs, schlüpft dieser wieder in einen Keimzustand zurück. Der Keim liegt aber nun nicht mehr in der Aura der Königin, sondern in der Aura des Bienenvolks. Der Bienerich ist nun ein Glied des Volks. In dem Augenblick, in dem das Volk die neue Behausung bezieht, löst sich der Bienerich wieder aus ihm heraus. Die Bienen, die endlich eine geeignete Wohnung gefunden haben, beginnen damit, den Wachsbau zu erstellen. Das Überleben des Volks ist vorerst gesichert. Der Bienerich beginnt mit seiner Tätigkeit.

Jahreszyklus des Bienerichs

Der Bienerich ist mit seinem Volk bis in die Substanzen hinein verbunden. Das heißt, dass er in den Substanzen lebt. Er lebt in der Form der Waben, in der Konsistenz des Wachses, des Honigs, in Futtersaft, Gift und den verschiedenen Düften. Die Entwicklung der Brut erlebt er durch sein Wesen hindurch. Aber auch das, was die heimkommenden Bienen aus der Landschaft mitbringen, wird von ihm wahrgenommen. Es wird von ihm «beschnuppert». Die eingebrachten Substanzen stellen für ihn besondere Erlebnisse dar. An ihnen nimmt er den Lebensumkreis des Bienenstocks wahr. Tatsächlich schmeckt er die Landschaft durch die Substanzen, welche die Bienen einbringen und von denen das Volk sich ernährt. Er nimmt das Leben wahr, das in den Substanzen steckt. Diese vermitteln ihm Eindrücke von den Prozessen, die im Lebensumkreis seines Volks vor sich gehen. Der Strom der heimkehrenden und mit Nektar und Pollen beladenen Bienen stellt für den Bienerich eine konkrete Verbindung mit der Landschaft dar. In einer eigentümlichen Weise ernährt er sich von diesem Strom. Er stärkt sich dadurch. Es sind lebendige Kräfte, die in ihn einziehen, wenn er diesen Substanzstrom wahrnimmt.

Der Bienerich ist tief mit dem Geschehen des Jahreslaufs verbunden. Im Jahr wiederholt sich in einer gewissen Weise der Zyklus, den wir schon als den Tag-Nacht-Zyklus des Bienerichs kennengelernt haben. Nun wiederholt er sich auf einer höheren Stufe, auf der des Jahres. In der kalten Jahreshälfte, in der sich das Bienenvolk zurückzieht und sich, den feindlichen Lebensumständen trotzend, in die Wintertraube zusammenballt, wird auch die Bindung des Bienerichs an sein Volk lockerer. Er ist kaum mehr an das Volk gebunden. Es befindet sich in einem Zustand, in dem es ihn nicht braucht. Das hat damit zu tun, dass sich das Bienenvolk aus dem Lebensumkreis, der die Erde für es bildet, herauslöst. In der Wintertraube lässt das Volk das irdische Leben zurück und tritt in einen Zustand ein, in dem es sich dem geistigen Leben der Erde hingibt. Dazu braucht es den Bienerich nicht. Er löst sich von seiner Hüteaufgabe und folgt auf seine Weise dem Geschehen des Jahreslaufs. Er tut es, indem er, wie jede Nacht, das Reich betritt, das sein ureigenstes ist, das Reich des Unterirdischen. Nur ist es nun nicht der tägliche Zyklus, dem er folgt, sondern der jährliche. Das heißt, dass er die Bewegung mitmacht, von der viele Elementarwesen im Herbst ergriffen werden, durch die sie nämlich in die Erde einströmen. Das Leben zieht sich im Herbst von der Erde zurück. Die Pflanzen welken, es wird kälter, das Leben verklingt. In dieser Zeit ziehen sich viele Wesen der elementaren Welt zurück und beginnen, das Innere der Erde zu bevölkern. Sie ziehen in die Erde ein, wo sie ruhen, bis sie im nächsten Jahr wieder von den hohen Geistern und Wesen hervorgerufen werden. Doch ist ihr Ruhen kein bloßes Warten, denn indem sie sich in die Erde begeben, werden ihnen bestimmte Geheimnisse offenbar. Der Bienerich macht diese Bewegung mit. Er wird, nachdem er sein Volk verlassen hat, einen bestimmten Weg geführt, der ihn Stufe um Stufe näher an das Innere der Erde heranbringt. In der Zeit der Heiligen Nächte begegnet er dem Geheimnis der Erdenweihnacht. Er steht, wie viele geistige Wesen auch, vor dem Kind der Erde. Es befindet sich im Lebensschoß der Erde. Aus ihm nehmen die Wesen der elementaren Welt die Kraft, für die Lebensentfaltung der Erde wirksam zu sein. Sie werden von dem Kind gesegnet. Diesen Segen bringen sie durch das, was sie tun, durch ihre allbelebende Wirksamkeit, auf die Erde. Die für uns sichtbaren Formen des Lebens sind Ausdruck für den Segen des Kindes der Erde. Durch sie offenbart sich das geistige Leben der inneren Erde. So gesehen ist jede leuchtende Blüte ein Gruß des heiligen Erdenkindes.

Das Kind ruht im Schoß der Mutter Erde. Diese Mutter Erde hat einen Mantel. Das ist der Sternenmantel der Madonna. In diesem Mantel leben die Wesen der elementaren Welt. Sie sagen immer, dass nur der heilige Mantel der Madonna ihnen die Leben tragende Umhüllung gibt und er die Grundlage dafür ist, dass sie in den irdischen Lebensverhältnissen tätig werden können. Dieser Mantel ist auch des Bienerichs Schutzgeber. In ihn steigt er auf, wenn er von dem zu neuem Leben erwachenden Bienenvolk gerufen wird. In der Erde ruhend, vom milden Segenslicht des Erdenkindes wie betäubt, dringt die Regsamkeit der Bienen, wenn es wieder wärmer wird, wie ein fernes Singen an sein Ohr. Er beginnt sich dadurch seiner Aufgaben wieder zu erinnern. Er erwacht und macht sich auf den Weg, die Stufen, die er herabgeführt worden ist, wieder zu erklimmen. Den Segen des Kindes bringt er mit. Er durfte ihn für die Bienen empfangen. Seine Aufgabe, die ihn würdigt, ist es, diesen Segen heraufzubringen. Er braucht ihn nicht für sich, er vermittelt ihn vielmehr. Sein Weg führt ihn aus dem Schoß der Madonna in ihren Mantel. Dort lebt er, wenn er sich im Bienenvolk befindet. In das Reich der sinnlichen Welt aufzusteigen bedeutet für den Bienerich, dass er nun in das Reich kommt, in dem er dem Menschen wieder begegnet. Er schaut, im Mantel der Madonna stehend, in das Reich des Menschen. Er nimmt dadurch an einem Werdeprozess, an einem Entwicklungsgeschehen teil, das auch für den Weg, den er gegangen, ganz wesentlich ist. Er wäre nicht das Wesen, das er ist, wenn er nicht in dieses Entwicklungsgeschehen hineingestellt worden wäre. Der Bienerich nimmt deutlich wahr, worin der Unterschied besteht zwischen der Welt, aus der er heraustritt, wenn er wieder zu den Bienen kommt, und der, in die er nun aufgenommen wird. Für den Menschen, der den Wunsch hat, mit dem Bienerich zusammenzuarbeiten, ist es nicht unerheblich, sich eine Vorstellung von dem Übergang zu bilden, der das Eintreten des Bienerichs in das Bienenvolk bedeutet. Dadurch kann er erahnen, welchen Wert die Begegnung zwischen ihm und dem Bienerich hat.

Der Bienerich steigt in das Bienenvolk auf, sobald die Bienen wieder regelmäßig zu fliegen beginnen. Das bedeutet für ihn, dass er wieder in der irdischen Welt anwesend sein kann. Er wird dadurch zu einem Wesen, das sich in der Welt aufhält, die wir Menschen als unsere gewohnte Welt auffassen. Er verbindet sich mit der Welt der Erscheinungen, das heißt mit den Prozessen, die die sinnliche Welt zur Erscheinung bringen. Der Dienst des Bienerichs an den Bienen besteht nun darin, dass er zwischen ihnen und der geistigen Lebenswirklichkeit der Erde vermittelt. Seine Wesenheit bildet die notwendige geistige Umhüllung des Bienenvolks. Er bietet den geistigen Raum, die Hülle, durch die sich dem Bienenvolk die geistigen Vorgängen erschließen, die in der Landschaft, an dem Erdenort, an dem die Bienen sich befinden, wirksam sind. Es ist nicht falsch, wenn man sagt, dass der Bienerich dem Volk einen bestimmten Wirklichkeitsbereich des Erdenlebens eröffnet. Dieser Wirklichkeitsbereich ist die ätherische Welt. Das Bienenvolk erhält durch den Bienerich die geistige Lebenshülle, die ihm ein Leben auf der Erde überhaupt erst ermöglicht.

Die Beziehung des Bienerichs zum Bienenvolk ist derart, dass jede einzelne Biene in seinem Kleid liegt. Jede Biene hat einen Platz in dem Bereich seines Wesens, den man als seine Wesensumhüllung wahrnehmen kann. Für jede von ihnen gibt es so etwas wie eine kleine Tasche. Wenn nun ein Teil der Bienen ausfliegt, weitet sich seine Wesenheit, denn sie verlassen sein Kleid nie. Sie können eigentlich nie außerhalb seiner Wesenheit sein. Sie sind in ihm, sobald sie ausschlüpfen, schon die Brut ist ein Teil seines Wesens. Erst wenn sie sterben, fallen sie aus ihm heraus. Sein Kleid atmet mit der Bewegung der ausfliegenden und wieder heimkehrenden Bienen. Es weitet sich und verdichtet sich, breitet sich über die Landschaft aus und zieht sich wieder im Bienenstock zusammen, entsprechend der Bewegungen der Bienen zwischen dem Stock und der Landschaft.

Die Königin nimmt für den Bienerich eine herausragende Stellung ein. Sie liegt an seinem Herzen. Wenn er sich seinem Innersten zuwenden, kommt er zu ihr. Er lauscht auf das, was durch sie zu ihm spricht. Es ist ein inniges Verhältnis, das zwischen dem Bienerich und der Bienenkönigin besteht. Das Wunderwesen, das die Bienen für ihn sind, wird ihm durch den Austausch mit der Bienenkönigin verständlicher. Durch das, was er von der Königin erfährt, lernt er das Bienenwesen kennen. Es mag sich seltsam anhören, dass Elementarwesen von einem Wesen, das der physischen Welt angehört, unterrichtet werden können. Die übersinnliche Beobachtung zeigt aber immer wieder, dass auch die Wesenheiten, die in der physischen Welt verkörpert sind, untereinander in einem vielfältigen geistigen Austausch stehen. Sie lernen voneinander. Die Bedeutung der Bienenkönigin für den Bienerich kommt in folgenden Worten eines Bienerichs zum Ausdruck:

> «Die Königin ist die Mutter jeder einzelnen Biene. Sie ist das Kleinod, aus dem die Geheimnisse der Bienen sprechen. Unendlich tief berührt mich ihr Wesen. Nichts Größeres kann man in Händen halten. Sie adelt mich, verwandelt mein Wesen. Durch sie werde ich auf eine neue Art mit der Erde verbunden. Denn der Erdentiefe, ihrem inneren warmen Licht, gehört sie an. Sie ist ein Wesen der inneren Erde. Was sie sagt, tönt aus Erdentiefen hervor. Es ist wie ein Ton, ein Klang aus den heiligen Kammern der Erde. Ihre Heiligkeit ist Erdenheiligkeit. Auch ihre Kinder, die Bienchen, gehören der Tiefenerde an, künden von dem Licht, den Lebensquellen der inneren Erde.»

Es ist vielleicht überflüssig zu sagen, soll aber doch erwähnt werden, dass der Bienerich mit seinen Bienen mit leidet. Er ist mit dem Volk, das er hütet, existenziell verbunden. Er ist es auf ähnliche Weise, wie wir als Menschen mit unserem Körper verbunden sind. Seine Entwicklung vollzieht sich durch die gesunde Entwicklung des Bienenvolks. Diese ist die Grundlage seiner eigenen Entwicklung. Ein Missklang, der das Volk betrifft oder beeinträchtigt, hat eine bestimmende Wirkung auch auf seine Wesenheit. Er steht so gesehen in einer tiefen Abhängigkeit vom Volk. Das Verhältnis zwischen dem Bienerich und dem Volk ist tatsächlich so, dass eine Bedrohung der Bienen in seinem Wesen ein Empfinden auslöst, das durchaus mit der Todesangst des Menschen vergleichbar ist.

Der Herbst ist, wie schon erwähnt, die Zeit des Jahres, in welcher der Bienerich in unseren Breiten beginnt, sich vom Bienenvolk zu lösen. Seine Verzauberung in die Substanzenwelt hat ein Ende. Er verlässt die Bienen, zieht sich von der sichtbaren Erde zurück und geht eine tiefe Verbindung ein mit den geistigen Kräften und Wesen, die das Sichtbare erst hervorbringen. Er zieht in die Erde ein. Er beschreibt das so, dass er sich aus dem Mantel der Madonna, der großen Erdenmutter, hinwegbegibt und seinen Platz in ihrem inneren Wesen einnimmt. Anders gesagt wird der Bienerich wieder Keim, er verwandelt sich, indem er aus dem Zustand der Verzauberung befreit wird, in einen Keim seines Wesens. Er vergeht, indem sich sein Gebundensein an die irdischen Lebensbedingungen löst, geht durch eine Art Tod hindurch, aber ohne zu sterben. Er schlüpft ganz in seine ureigene geistige Form zurück. Aus dieser geht er wieder hervor, wenn er nach dem Winter erneut vom Volk gerufen wird.

Der Bienerich schöpft aus den Einsichten, die er dadurch aufnimmt, dass er auf seinem Weg von hohen geistigen Wesenheiten belehrt wird. Aus den Worten, die er zum Menschen spricht, kann deutlich werden, welcher Art die Schulung ist, die er als Vorbereitung auf sein Dasein als Bienerich empfängt.

Die Bieneriche haben Botschaften an den Menschen! Es soll hier mit Nachdruck erwähnt werden. Die Elementarwesen haben im Allgemeinen Botschaften an die Menschen weiterzugeben. Das gilt auch für die Bieneriche. Die Bieneriche wünschen, dass der Mensch sich stärker der Verwandlungs- und Heilkräfte bewusst wird, über die er verfügt. Er lässt sich in ihren Augen noch viel zu sehr gehen und gebraucht nicht, was er eigentlich gebrauchen könnte, nämlich die Kräfte seiner Seele, die erhellen und beleben können, was dunkel und lahm ist. Sie schauen auf die Kräfte der Verwandlung des Menschen, die Zukunftskräfte sind, die er aber lernen kann zu gebrauchen.

Der Mensch eignet sich in ihren Augen die Erde noch zu wenig an, weil er sie mit seiner Seele noch zu wenig durchdringt. Sie sagen:

«Die Erde ist deine Seelenschwester. Ihr seid füreinander gemacht. Jeder ist des anderen Hort und Schutz. Nur auf der Erde kann der Mensch werden und nur im Menschen, in seiner Seele, die Erde. Die Erde ist der Menschenseele Schwester. Und sie ist noch mehr, sie ist sein Kind! Sie ersteht neu als Gereifte, als Verwandelte in und durch die Seele des Menschen. Nun kann der Mensch alles tun, diese Neugeburt vorzubereiten, und er kann alles unterlassen. Er tut alles dafür, wenn er lernt, zu sich selbst zu stehen, einer zu werden, der erlebt, dass er sich selbst gebären kann. Er ist für sich verantwortlich. Und diese Gewissheit, die eine Seelenkraft ist, ist auch die Wandlungskraft, die Keimkraft der Neuwerdung der Erde. Die Bienen arbeiten ungesehen und unbemerkt für diese Neuwerdung. Der erst kennt ihr Geheimnis, der das Geheimnis kennt der Verwandlung und Neuwerdung der Erde und des Menschen.»

Eine andere Mitteilung lautet:

«Mensch-Werden, Mensch-Sein ist unserer Wesensgattung höchstes Ziel. Doch wir können es nicht erreichen ohne euer liebevolles Dazutun. Worin besteht euer liebevolles Dazutun? Darin liegt es, dass ihr euch prüft, mit welchen Gedanken, Seelenstimmungen und Impulsen ihr zu uns kommt, also in die Natur oder zu euren Bienen. Seid ihr so gestimmt, dass euer Inneres heilende Kraft besitzt? Ihr sollt wissen, dass jede eurer Seelendunkelheiten an uns kleben bleibt, uns unrein macht und schwerfällig und uns entfremdet dem Quellfluss des Lebens. Jeder liebevolle, andachtsvolle Lebensimpuls, der uns von euch zukommt, lässt uns wachsen und hell, leicht und groß werden. So fließen die Kräfte zwischen unseren Reichen. Sie berühren sich in einer anderen Art, als ihr gewohnt seid, Kräfte fließen zu sehen.

Eure Seelen haben ihre Unschuld verloren. Kinder des Geistes wart ihr einmal, jetzt seid ihr Lichtgeber, ihr Menschen.

Und: Steht zu euch! Das rufen wir euch ununterbrochen zu. Steht zu eurem heiligen individuellen Sein. Jeder von euch ist ein Einzelner und ist so vollständig schön, weil er aus dem Geist des vollständigen Lebens geboren ist.»

Hier sollen noch die Worte eines alten und erfahrenen Bienerichs erklingen, in denen die Verehrung zum Ausdruck kommt, die er den Bienen gegenüber hegt:

«Die Bienen leben aus den Kräften der inneren Sonne, der geistigen Sonne. Aus den Wesenheiten leben sie, die zusammen die geistige Sonne bilden und der physischen Sonne zugrunde liegen. Dieser Sonnenwesen Kinder sind die Bienen. Die Bienen haben ihre Wohnung auf die Erde unter die Menschen verlegt, obwohl sie es nicht hätten tun müssen. Es war nicht vorgesehen. Es ist aber nötig geworden, dass sie ihren Wohnort wechseln und dass sie sich in die Hände der Menschen begeben. So können sie den Sturz des Menschen mildern. Ihr Wesen ist wichtig, damit die Menschheit ihren Geistursprung, den Anschluss an ihre Geistführung, nicht verliert. Das Licht und die Wärme, die unter den Bienen leben, sind wichtig für die Fortentwicklung der Menschen, weil sie sonst ihr Licht, ihr Ursprungslicht, ihr Geisteslicht, verlieren würden.

Aus diesem Wissen ist das gesamte Sein der Bienen und ihre Lebensordnung erklärlich. Dieses Urmotiv macht die Bienen erkennbar, verstehbar. Wer dies nicht weiß und bedenkt, verkennt die Bienen und ist versucht, ihnen Schaden zuzufügen.

Eigentlich sind die Bienen Wesen einer zukünftigen Erde. Sie sollten später kommen. Aber der Fall des Menschen machte es nötig, dass sie sich schon früher verkörperten.

Diesen hochstehenden Wesen war es nur möglich, sich als Insekten zu verkörpern. Nur als Insekten konnten sie diese weisheitsvolle Gemeinschaft bilden. Auch ihre Nähe zum Luft- und zum Lichtelement konnten sie nur als Insekten einnehmen. Sonnenwesen, die so leibhaftig Sonnenhaftes in und an sich tragen, konnten nur als Insekten in Erscheinung treten.»

Unschätzbar ist der Beitrag des Bienerichs zum Gedeihen des Bienenvolks, weil er die Umhüllung für andere Elementarwesen bildet, die neben ihm im Bienenvolk leben und wirksam sind. Er ist nicht das einzige Elementarwesen des Bienenvolks. Es ist eine ganze Schar verschiedener Wesenheiten, die mit dem Leben eines Bienenvolks verbunden sind. Der Bienerich hat aber insofern eine besondere Stellung, als er die Hülle, den geistigen Mantel, bildet, in den die anderen Wesen hineinschlüpfen können, um ihre Aufgabe für das Bienenvolk erfüllen zu können. Sein Mantel ist so gesehen die lebendige Hülle aller Elementarwesen, die in einem Bienenvolk leben. Es hebt seine dienende Aufgabe für die Bienen hervor, dass er diese geistige Hülle bildet. Das heißt aber nun nicht, dass der Bienerich immer höher steht als die Wesen, die er beherbergt. Es ist zu beobachten, dass Elementarwesen ihn bewohnen, die durch die Kräfte, in die sie eingespannt sind, einen höheren Rang einnehmen als der Bienerich. Sie sind aber auf ihn angewiesen, denn nur durch ihn bekommen sie die Möglichkeit, sich mit dem Bienenvolk zu verbinden. Diese höherstehenden Elementarwesen sind sehr zurückhaltende Wesen. Gerade die hohen Kräfte, die in ihnen und durch sie leben, bedingen es, dass sie selbst für den Blick, der gewohnt ist, im Übersinnlichen wahrzunehmen, weitgehend unsichtbar bleiben. Es sind jedes Mal besondere Augenblicke, wenn man sie schauen kann.

Der Wabenmeister ist eines der hier gemeinten Elementarwesen. Er ist nur selten zu schauen. Es sind besondere Gnadenmomente, wenn man ihn gewahr wird. Das hat damit zu tun, dass er ganz in den Kräften aufgeht, die durch ihn von den Bienen aufgenommen und genutzt werden. Weil er so stark diesen Kräften hingegeben ist und hingegeben sein muss, nimmt er nur selten eine Gestalt an, in der er vom Menschen wahrgenommen werden kann.

Der Wabenmeister ist auf den Bienerich insofern angewiesen, als er nur durch ihn überhaupt mit einem Bienenvolk verbunden sein kann. Erst der Bienerich gibt ihm die Möglichkeit, mit einem Bienenvolk in Verbindung zu treten und ihm zu dienen. Der «Kleinere» verhilft dem «Größeren», den Ort einzunehmen, an dem er seine Wesenswirkungskraft erst entfalten kann.

Der Wabenmeister stellt den Bienen die Kräfte zur Verfügung, durch die sie die Waben erbauen. Die Bienen füllen, wenn sie an den Waben bauen, das Kraftgeflecht aus, das der Wabenmeister erzeugt. Dadurch bekommen sie die Vorgaben, die ihnen gestatten, die Waben zu bilden. Es sind besondere Kräfte, die der Wabenmeister zu bewältigen hat, damit dieses Kraftgeflecht entsteht und erhalten bleibt. Die Formkräfte, die den Waben zugrunde liegen, sind sehr starke geistige Kräfte. Es gibt wohl keinen Menschen, der ohne Hilfsmittel in der Lage wäre, eine Wabe mit der Genauigkeit, die für die Bienen lebensnotwendig ist, herzustellen. Darin aber besteht die Aufgabe des Wabenmeisters. Er muss die Kräfte heranholen, welche die Bienen brauchen.

Es ist ein Wesensmerkmal des Wabenmeisters, dass er die Verbindung schafft zwischen hohen kosmischen Kräften und der Erde. Der Wabenmeister schlägt eine Brücke zwischen kosmischen Kräften, durch welche die Bienen die Waben bauen können, und der Erde, mit der er als ein Elementarwesen verbunden ist. Er öffnet durch seine Präsenz einen geistigen Raum, in den die Bienen ihr Nest hineinbauen können. Dadurch sind sie davon entbunden, sich selber an die Kräfte anzuschließen, die dazu nötig sind. Erst die Waben ermöglichen es den Bienen, in den Erdenbedingungen zu existieren.

Das Honigwesen ist ebenfalls ein sehr komplexes und hochstehendes Wesen. Man kann genau genommen nicht von einem einzigen Wesen reden, es handelt sich vielmehr um eine Gruppe von zusammengehörenden Wesenheiten. Die Aufgabe der

Honigwesen besteht darin, dazu beizutragen, dass der Honig entsteht. Der Wabenmeister ist ein Wesen, das den Bienen die geistige Form zur Verfügung stellt, die Waben zu formen. Die Honigwesen sind Wesen, die in die konkrete Substanzverwandlung und Substanzreifung eingreifen. Sie geben keine Form vor, sondern greifen tief in das Substanzgeschehen der Erde ein.

Die übersinnliche Beobachtung zeigt die überraschende Tatsache, dass die Honigwesen mit den Erdentiefen verbunden sind. Es sind nicht Wesen, die dem kosmischen Geschehen, das die Erde umgibt, zugewandt sind, sondern den Tiefen der Erde. Wenn man ihnen zum Beispiel beim Honigschleudern begegnet, kann man erleben, dass sie aus der Erde heraufsteigen. Ihr Fokus liegt in der Erde. Man kann deshalb auch sagen, dass sie die Reife des Honigs aus den Tiefen der Erde herauftragen. Die Honigreifung in den Waben ist vorrangig eine Sache der Erde, nicht des Himmels. Der Nektar ist aus den Elementen des Lichtes und der Wärme hervorgegangen, der Honig aber stammt, wenn man das elementare Geschehen anschaut, das zu der Reifung beiträgt, aus der Erde. Eine genauere Beobachtung zeigt, dass durch die Bienen und die mit ihnen verbundenen Elementarwesen der Blütennektar mit Kräften in Berührung gebracht wird, die ihn mit dem Licht der Erde durchdringen. Honig entsteht, wenn zu der Qualität des Nektars die Qualität der inneren, der lichten Erde hinzutritt. Das geschieht aber durch die Arbeit der Honigwesen. Ihre Arbeit bildet die Grundlage dafür, dass der Honig heilende Kräfte hat.

An diesen Beispielen kann deutlich werden, welche Beziehungen zwischen den Bienen und ihren Elementarwesen bestehen. Die Wesen der elementaren Welt erfüllen für die Bienen sehr bedeutsame Aufgaben. Sie dienen dem Bienenwesen. Die Bienen könnten ihre Arbeit ohne sie nicht vollbringen.

Es lässt sich beobachten, dass ein Bienenvolk besonders im Frühling und Sommer auf die Elementarwesen, die in seinem Umkreis leben, eine besondere Wirkung ausübt. Wenn am Abend die Sonne sich dem Horizont nähert, das äußere Licht also abnimmt, werden die Elementarwesen um das Bienenvolk besonders aktiv. Sie werden durch diese besondere Ausstrahlung, die von einem Bienenstock ausgeht, angezogen, recht eigentlich angelockt.

Das Licht, das von der Sonne kommt, spannt die Elementarwesen durch seine Wirkung in die Wirklichkeit der Erdenbedingungen ein. Man kann sagen, dass das äußere Licht, das Sonnenlicht, die Elementarwesen unfrei macht. Sie werden durch das Licht der Sonne zur Tätigkeit aufgerufen. Erst das abklingende Licht bedeutet für viele Wesen der elementaren Welt, dass sie aus dieser Tätigkeit entlassen werden. Sie lassen von ihren Aufgaben, sobald das Sonnenlicht am Abend schwächer wird. Das hat zur Folge, dass sie an Wachheit ihrem Lebensumkreis gegenüber gewinnen. Sie erwachen für die Wesenheiten des Umkreises, in dem sie leben.

Sie werden aber auch wacher für die eigene Wesenheit. Die Führung durch höhere Wesenheiten nimmt ab. Das ist aber die Voraussetzung dafür, dass sie sich versammeln können. Sie wachen für ihresgleichen auf, für die Gemeinschaft der Wesenheiten, mit denen sie leben. Sie werden gesellig. Das heißt aber auch, dass sie für die übersinnliche Wahrnehmung deutlicher hervortreten. Sie sind weniger in die Lebensprozesse eingebunden und gewinnen mehr Eigensein. Für den Menschen sind sie deshalb leichter zu erleben.

Man kann beobachten, dass es bestimmte Orte gibt, die von den Elementarwesen bevorzugt werden. Bienenstände gehören sicherlich zu ihren Lieblingsorten. Der Imker kann das an der unvergleichlichen Stimmung erleben, die sich am Abend bei seinen Bienen einstellt. Es wird in einer Art still, dass er vergessen könnte, wo er ist. Durch dieses Gefühl, als stünde man außerhalb des üblichen Raum- und Zeiterlebens, macht sich die Gegenwart von Elementarwesen bemerkbar. Beim Imker kann sich die Gewissheit einstellen, nun die Bienen in Ruhe lassen zu müssen. Die Bienen werden nun ein Versammlungsort der elementaren Wesen der Umgebung. Denn in der Zeit, in der das Licht der Sonne schwächer wird, beginnen die Elementarwesen, das geheimnisvolle Wirken und Leuchten wahrzunehmen, das von den Bienenvölkern ausgeht. Die Elementarwesen beginnen, sich in diesem Licht zu sonnen. Dem Menschen ist es nicht verwehrt, diesem unsichtbaren Schauspiel beizuwohnen, er sollte sich aber innerlich zurückziehen, damit er nicht stört.

Die Versammlung der Elementarwesen bei den Bienenstöcken ist an bestimmte Voraussetzungen gebunden. Ein Gewitter, Regen oder auch Kälte können ein Zusammentreffen der Elementarwesen verhindern. Sie sind sehr empfindlich für das, was im Wettergeschehen vor sich geht. Sie versammeln sich auch nicht in jeder Jahreszeit. Schließlich können sich zu einer bestimmten Zeit immer nur die Wesenheiten bei den Bienen versammeln, die gerade unter den Erdenbedingungen eine Aufgaben zu erfüllen haben. Die übrigen Wesenheiten befinden sich in einem anderen Daseinszustand. Sie leben vollkommen vereinigt mit der geistigen Welt. Auch können sich nur die Elementarwesen versammeln, die sich frei oder einigermaßen frei bewegen können.

Das Zusammentreffen am Bienenstand wiederholt sich, wenn es die äußeren Verhältnisse zulassen, jeden Abend. Man kann einen regelrechten Pilgerzug von Elementarwesen beobachten. Aus allen Richtungen strömen sie auf den Bienenstand zu.

Am Abend wendet sich die Tätigkeit des Bienenvolks nach innen. Die Bienen sind einen ganzen Tag geflogen. Sie kehren heim. Sie sammeln sich, sie wenden sich von der Landschaft ab. Dieser Zeitpunkt der Umkehr hat im Tageslauf der Bienen eine wichtige Bedeutung. Er ist dadurch gekennzeichnet, dass zwischen den Bienen und den Elementarwesen eine besondere Begegnung stattfindet. Es ist eine Art Ritual. Die Elementarwesen, die sich um die Bienenstöcke versammeln, werden durch das, was die Bieneriche als ein Licht der Bienen unter sich hüten, genährt. Die Bieneriche dürfen dieses Licht der Bienen nicht für sich behalten, sie müssen es weitergeben. Es versammeln sich die Elementarwesen der Erde, aber auch die Wesen, die aus dem Wasser, aus der Luft, dem Licht und der Wärme stammen. Einer der Bieneriche, der dazu ausersehen ist, tritt hervor. Er gibt den versammelten Wesen das Licht, das er von den Bienen empfängt. Er empfängt es in dem Augenblick, in dem er es auch verteilt. Es kommen selbst sehr hochstehende Elementarwesen, Könige der Erde, die aus großen Tiefen heraufsteigen, um gespeist zu werden. Der Bienerich legt die geistige Speise in sich auf.

Wenn man solche Rituale in der elementaren Welt schaut, die gar nicht so selten sind, ist man sofort an religiöse Rituale erinnert, die die Menschen unter sich feiern. Man ist geneigt zu behaupten, dass die Menschen ihre Rituale den Wesen der elementaren Welt abgeschaut haben.

Das Ritual geht in der Art vor sich, dass der ausgewählte Bienerich eine großer Schale vor sich hält. Einerseits trägt er sie, andererseits wird sie aber auch durch höhere, ebenfalls beteiligte Wesenheiten getragen. Der Bienerich stellt sich dem Geschehen nur zur Verfügung. Man kann sagen, dass es durch ihn hindurch geht. Er gibt selber nichts dazu, er ist aber das Wesen, durch das es geschehen kann. Es geht so vor sich, dass sich die Schale langsam auf ihn herabsenkt. Das heißt, sie wird ihm von höheren Wesenheiten, die das ganze Geschehen führen, übergeben, zu ihm hinabgelassen. Diese hohen geistigen Wesenheiten werden über dem Bienenstock sichtbar. Die Schale dient dazu, das zu sammeln, was der Bienerich von den Bienen empfängt und nun an die versammelten Elementarwesen weitergibt. Indem die

Elementarwesen die Schale berühren, geht in sie über, was in die Schale hineingelegt worden ist.

Ich hatte einmal Gelegenheit, von einigen Elementarwesen die Gaben gezeigt zu bekommen, die sie durch die Schale empfangen hatten. Als ich das Geschehen aus einiger Entfernung beobachtete, machten sie bei mir Halt. Ich sollte den Reichtum sehen, den sie mit sich forttrugen. Ich sah das Glück, das die Wesen empfanden. Sie waren ganz aufgeregt und wollten unbedingt, dass ich einen Blick in das tat, was sie erhalten hatten. Im ersten Augenblick blieb mir verborgen, was sie so glücklich machte. Ich konnte es zwar sehen, aber nicht innerlich nachfühlen. Ich sah es, aber erkannte es nicht. Erst nach einiger Zeit kam ich dahinter, warum ich ihre Glückseligkeit nicht nachfühlen konnte. Ich wurde auf einen Zwerg aufmerksam und schaute ihn fragend an, weil ich nicht wusste, was vorging. Er stutzte einen Augenblick und blickte mich scharf an. Dann heiterte sich sein Gesicht auf. Er lächelte mich an und sagte: «Das ist ganz einfach. Du kannst es nicht schauen, weil du es selber in dir hast. Ihr Menschen habt es alle. Ihr tragt in euch, was wir nur von den Bienen bekommen können. Es ist in euch, ich kann es sehen, ich kann es aus dir, aus deinem Herzen leuchten sehen. Es ist das Gesicht, das Wesen des Kindes.» Was man in sich hat, kann man an einem anderen Wesen nicht erleben. Es ist einem zu wenig fremd. Ich verneigte mich leicht, und ein Lächeln erschien auf meinem Gesicht, das mich mit dem Zwerg auf wunderbare Art verband. Wir schauten uns noch eine Weile an, dann ging er beschwingt fort.

Ich blieb noch ein wenig sitzen. Ich fühlte eine tiefe, unaussprechliche Wärme in mir und spürte das heilige Band, das die Wesen dieser Erde verbindet. Es geht von einem Wesen zum anderen, es nährt und es beseligt. Die Wesen dieser Erde und wir Menschen sind tief miteinander verbunden. Wir sind es, weil wir der Erde angehören, die für alle sorgt, die für jedes

Wesen einen Platz hat, an dem es seine Aufgabe erfüllen kann. Ein Wesen kann seine Aufgabe aber nur erfüllen, wenn es sich darauf verlassen kann, dass die anderen Wesen sich der großen Wesensgemeinschaft der Erde anschließen.

Ich erkannte die wichtige Aufgabe der Bienen für die Wesenheiten der elementaren Welt. Die Bienen nähren die Elementarwesen dadurch, dass sie diese an das Geheimnis des Kindes heranführen. Es ist das Geheimnis der Weihnacht, der Erdenweihnacht, das den Wesen der elementaren Welt durch die Bienen mitgeteilt wird.

Was geschieht, wenn die Bienen in einer Landschaft aussterben? Die Menschen müssten anstelle der Bienen die Wesen der elementaren Welt nähren. Das ist durchaus möglich. Der Mensch kann die Wesen der elementaren Welt nähren. Aber es ist eine sehr aufwendige Arbeit. Eine Landschaft, in der die Bienen verschwinden, verödet, wenn der Mensch nicht dafür sorgt, dass die Wesen der elementaren Welt durch ihn das zugeteilt bekommen, was sie sonst den Bienen und den Bienerichen verdanken.

Der Bienenflug

Das Flugloch bedeutet für die Arbeiterbiene eine Schwelle. Das Volk zu verlassen und sich in das wogende Licht, die strömende Luft und die webenden Düfte und Klänge zu begeben, ist für sie ein Schritt, der ihr nur scheinbar leicht fällt. Der weite Luftraum ist eine ganz eigene Welt, die für sie fremd ist. Sie kehrt ihrem Volk den Rücken, wenn sie ausfliegt, und wagt sich in ein ganz anderes Daseinsgebiet. Den festen Zusammenhang mit ihrem Volk gibt sie auf. Sie ist zwar weiterhin mit der Königin verbunden, verlässt aber die Aura ihres Volks. Dafür erhält jede einzelne Biene beim Hinausfliegen eine eigene Aura.

Sie wird, wenn sie hinausfliegt, von bestimmten Elementarwesen erwartet. Es sind Wesen aus der Gruppe der Sylphen, der Luftgeister, die sich der einzelnen Biene annehmen. Diese herbeieilenden Sylphen stammen aus dem geistigen Lebensbereich, der das Bienenvolk umgibt.

Während die Biene fliegt, eilen diese Wesen aus dem Reich der Luft voraus. Es sind sehr flinke Wesen, hell leuchtend, freundlich und gewandt. Je eine Sylphe zieht eine Biene hinter sich her. Die Biene fliegt in der Hülle dieses kleinen luftigen Wesens. Im Flug kommt es zu einer äußerst lebendigen und frohen Begegnung zwischen der Biene und der Sylphe. Die Sylphe umtanzt die Biene, als müsse sie sie bei guter Laune halten. Sie weist ihr aber auch den Weg und macht sie auf bestimmte Blüten aufmerksam. Wenn eine Blüte erreicht ist, weicht die Sylphe zurück. Sie überlässt der Biene das Feld, bleibt aber in der Nähe und umgaukelt sie. Hat die Biene genug Nektar gesammelt, spannt sich die Sylphe wieder vor die Biene, und die gemeinsame vergnügliche Reise geht weiter. In den Stock folgt die Sylphe der Biene nicht. Dorthinein ist sie nicht geladen. Sie wartet aber vor dem Stock auf die nächste ausfliegende Biene.

Diese Sylphen gehören demselben geistigen Organismus an, dem die einzelnen Bienen und das Volk angehören. Die einzelne Sylphe ist so wenig überlebensfähig, wie es die einzelne Biene ist. Wenn die Bienenflüge im Herbst zurückgehen, ziehen sich auch die Sylphen zurück. Das bedeutet, dass sie immer zartere Formen annehmen und schließlich verschwinden. Sie lösen sich aber nicht auf, sondern nehmen nur eine andere Daseinsform an. Sie verschwinden nicht vollständig, sondern ihr Daseinszustand wechselt. Sie gehen in eine Art Schlafzustand über, wenn sie nicht mehr für die Bienen tätig sind. Das heißt, dass sie sich mit dem höheren Aspekt ihres Daseins vereinen.

Die Wirkung der fliegenden Bienen unter den Elementarwesen

Die summenden, schwirrenden Bienenvölker haben eine wesentliche Bedeutung für die Gesundheit und Ausgeglichenheit einer Landschaft. Wo Bienen leben und fliegen, verändert sich diese. Segensreiches fällt der Landschaft durch das Fliegen der Bienen, ihr Aufsuchen der Blüten und Sammeln zu. Vor allem für die Elementarwesen ist dieser Segen spürbar. Ich habe Elementarwesen immer wieder von der wunderbaren Wirkung reden gehört, welche die Bienen auf sie haben. Die Bienen durchziehen die Landschaft durch ihr Fliegen und Sammeln mit einem unsichtbaren goldenen, sehr feinmaschigen, lebendigen Netz. Die Elementarwesen können dieses Lebensnetz wahrnehmen. Es ist eine besonderes Licht, das durch die Bienentätigkeit in der Landschaft, in der elementaren Welt lebt.

Vor allem die Elementarwesen, die mit der Erde, mit dem festen Element, verbunden sind, reden vom Bienensegen in höchstem Lob. Unter den Wesen der elementaren Welt sind sie der Materie am stärksten hingegeben. Materie aber schluckt Licht. Sie frisst, mit den Worten der Gnome, Licht auf. Die Kräfte der Finsternis sind für die Gnome eine ständige Erfahrung. Sie leben an der Schwelle zur Finsternis, weil sie Wesen der Erde sind. Das Leben der Gnome findet zwischen Licht und Finsternis statt. Sie ringen um die Erlösung der Materie, also mit dem Tod. Dem müssten sie erliegen, wenn die Finsternis, die Materie, obsiegte. Das ist nun der Grund, weshalb die Bienen für die Geister der Erde eine große Bedeutung haben. Die Bienen erinnern sie an das Licht, dem sie als Elementarwesen, die der Finsternis nahe stehen, tief verpflichtet sind. Von den Bienen strömt ihnen Trost zu, der für uns unsichtbar ist, der aber in ihrer Welt so unübersehbar wirkt wie eine Medizin, wie heilende Substanz.

Es lässt sich nun übersinnlich beobachten, dass es gerade die raschen Flügelbewegungen der Bienen während ihres Flugs sind, die für die elementare Welt eine sehr große Bedeutung haben. Die Flügelbewegungen bringen ein unsichtbares Licht hervor, das von den Wesen der elementaren Welt wahrgenommen und, man kann fast sagen, verzehrt wird. Es wirkt nicht ausschließlich auf die Geister der Erde, sondern auch auf die Geister des Wassers, der Luft und der Wärme. Nur ist es unter den Gnomen am stärksten wirksam.

Der Imker und seine Völker

Die Aufgabe des Imkers ist maßgeblich bestimmt durch die konkreten, lebensnotwendigen Bedürfnisse des Bienenvolks. Die Bienen verlangen eine große Kenntnis und Erfahrung von dem, der sie pflegen will. Es dauert einige Jahren, bis der Imker eine gewisse Sicherheit im Umgang mit den Zyklen der Bienen und im Hinblick auf die entsprechenden Maßnahmen und Eingriffen, die vorzunehmen sind, gefunden hat. Viele Imker machen die Erfahrung, dass die Bienenvölker mit der Zeit zu einem Teil ihres eigenen Wesens werden. Das kann so weit gehen, dass der Imker das Gefühl bekommt, dass er an sich selbst arbeitet, wenn er an den Völkern bestimmte Arbeiten verrichtet.

Ich möchte nun schildern, was ich von einem Bienerich erfahren konnte, der von einer befreundeten Imkerin und mir nach seinen Wünschen gefragt wurde. Im Vordergrund stand unsere Frage, wie wir Menschen den Bienen helfen können. Ich möchte seine Antwort hier wiedergeben:

> «Die Bienen fliegen durch eure Herzen. Sie tun es auf jeden Fall. Sie sind mit dem verbunden, was das Herz für euer Wesen bedeutet. Das Volk verkörpert das Herz, die fliegenden und tätigen Bienen verkörpern das pulsierende Blut. In der Nacht kommen die Bienen etwas zur Ruhe. Dann denkt das Volk. Das Volk hat tatsächlich Gedanken in der Nacht. Die nehmt ihr wahr, wenn ihr schläft. Ihr könnt euch öffnen für die Gedanken der Bienen in der Nacht, die euch im Schlaf erreichen. Ihr könnt euch angewöhnen, wenn ihr erwacht, auf das zu lauschen, was durch eure Träume von den Bienen zu euch spricht. Es ist das Lebensbrot des Imkers, das ihm im Schlaf von seinen geliebten Bienen zukommt. Es ist tatsächlich ein Lebensstrom, der von den Bienen zu den Menschen geht. Es ist ein Strom, der nicht den Imkern vorbehalten ist, sondern der zu allen Menschen fließt und der von allen

Menschen mit dem Bewusstsein erfasst werden kann, wenn sie nur wollen und dazu bereit sind. Aber es gibt auch den umgekehrten Strom, der von den Menschen zu den Bienen fließt. Er kommt dadurch zustande, dass der Mensch still in seine eigene Innenwelt einkehrt. Wenn er auf das horcht, was inwendig in seiner Seele lebt, beginnt sich der Strom zu regen, der umgekehrt von den Menschen zu den Bienen fließen will. Der Imker kann den Bienen helfen, indem er sich diesem Strom zuwendet. Er kann es so tun, dass er erlebt, wie jedes seiner Völker eine kleine Kammer in seinem Herzen bewohnt. Er kann fühlen, dass er nicht nur seine vier gewöhnlichen Herzkammern hat, sondern dass er weitere Kammern besitzt, nämlich für jedes seiner Völker eine. Er kann so weit kommen, wenn er den besagten Strom pflegt und innerlich die Kammern seines Herzens aufsucht, dass er spürt, wie es jedem seiner Völker geht. Und er kann sie pflegen, indem er die einzelnen Völker in seinem Herzen behandelt. Er kann ihnen durch diesen innerlichen Strom, diesen Herzensstrom, Heilung zukommen lassen. Er kann von seinem eigenen Licht, das er durch die Tatsache hat, dass er ein geistiges Wesen, eine Individualität ist, seinen Bienen etwas abgeben. Er kann sie mit seinem eigenen goldenen Wesenslicht in den Kammern seines Herzens pflegen.»

Diese innerliche Unterstützung der Bienen bedeutet für den Imker einen Zuwachs an Kraft. Er verliert nicht, er gewinnt, wenn er den innerlichen Strom anregt, der die Umkehrung eines Lebensstromes ist, der so oder so, wenn auch weitgehend unbemerkt, zwischen den Bienenvölkern und den Menschen fließt.

Von Seiten des Bienerichs besteht das Bedürfnis, dass der Imker sich der spirituellen Dimension seiner Arbeit bewusst wird. Der Imker hat es mit einer Wesenheit zu tun, die neben den physischen auch geistige Aufgaben hat. Wenn man mit dem geistigen Blick auf das Wesen der Bienen schaut, wird man einen wesentlichen Aspekt gewahr, den wir in diesem Zusammenhang nicht übergehen dürfen. Die Bienen sind Tiere, die durch ihr Wesen nicht nur dem Licht nahestehen. Sie haben auch eine Beziehung zur Dunkelheit. Wer wie sie dem Licht nahesteht, der nimmt immer auch die Schatten auf sich. Es kann kein Licht ohne Finsternis geben. Was sich ins Licht entwickelt, kommt unmittelbar in Berührung mit der Opposition des Lichts. Es kann gar nicht anders sein. Für die Bienen bedeutet das, dass sie es mit Kräften zu tun bekommen, die nach dem Licht hungern und sich nichts sehnlicher wünschen, als durch das Licht verwandelt zu werden. Nach meiner Ansicht ist die Varroamilbe Ausdruck dieses Hungers, dieser Sehnsucht der Wesenheiten, die der Dunkelheit angehören, nach dem Licht, das sie verwandeln würde. Man kann in der Varroamilbe deshalb Schattenschwestern der Bienen sehen. Durch sie offenbart sich der Hunger der Dunkelheit nach dem Licht. Es zeigt sich aber auch, dass dieser Hunger die Wesen schädigen kann, die Träger des Lichts sind. Der Imker steht durch seine Tätigkeit in dem Feld zwischen Licht und Finsternis. Er hat die Aufgabe, die Bienen zu schützen, deshalb ist es nicht möglich, dass er dem Ringen zwischen Licht und Finsternis gleichgültig gegenüberstünde. Als Imker hat man damit zu rechnen durch die Arbeit mit den Bienen dem Feld zu begegnen, in dem Licht und Finsternis sich berühren.

An den Imker werden heute besonders hohe Anforderungen gestellt. Die Bienen sind akut gefährdet. Wer das Imkerhandwerk ausübt oder sich dazu entschließt, weiß, dass er keine leichte Aufgabe vor sich hat. Das Bienenvolk verlangt vom Imker ein hohes Maß an Geistesgegenwart. In früheren Zeiten vermehrten sich die Bienen mehr oder weniger von selbst. Der Imker hatte eigentlich nur damit zu tun, den lebendigen Strom jedes Bienenvolks zu lenken. Die Bienen waren kräftig. Heute sind sie Einflüssen ausgesetzt, die ihre Lebenskraft radikal vermindern.

Das hat zur Folge, dass Fehler des Imkers, die früher nicht ins Gewicht gefallen wären, heute das Ende des Volks bedeuten können. Die Bienen haben nur noch einen geringen Spielraum, Fehler auszugleichen. Das ist der Grund, weshalb Maßnahmen sehr überlegt und sorgfältig durchgeführt werden müssen.

Außerdem ist zu beobachten, dass im Bienenjahr vermehrt Situationen auftauchen, die sich nicht so bewältigen lassen, dass man auf bereits gesammelte Erfahrungen zurückgreift. Es treten viele unvorhergesehene Situationen ein, die nur dadurch zu lösen sind, dass man sehr kreativ und dennoch besonnen reagiert.

Kein Imker ist vor Rückschlägen gefeit. Denn die Aufmerksamkeit, die die Bienen heutzutage fordern, ist enorm. Folgenreiche Fehler sind schnell geschehen. Deshalb verlangen die Bienen vom Imker ein nicht unerhebliches Maß an Einfühlung und Konzentration. Doch nicht nur seine Fähigkeiten und Erfahrungen werden geprüft, sondern ebenso seine Persönlichkeit. Wie er selber ist, wird immer entscheidender. Die innere Haltung des Imkers tritt durch die Notsituation, in der sich die Bienen heute befinden, immer stärker in den Vordergrund.

Bieneriche wollen dazu anregen, dass Imker wieder zu dem zurückzufinden, was in vergangenen Zeiten die Grundlage ihres Handwerks war. Zum Imkern gehörte eine besondere Menschlichkeit, die nur schwer zu beschreiben ist. Sie hat zu tun mit der Suche nach dem inneren Menschen, der man ist. Bienen zu hüten, ist immer auch ein Weg zu sich selbst. Es scheint, dass die Entwicklungen der heutigen Zeit diese Einsicht, die ja nicht neu ist, von den Imkern wieder fordert. Darin besteht eine große Chance. Imker, und nicht nur sie, werden wieder dahin geführt, über die Beziehung, die zwischen Bienen und Menschen besteht, nachzudenken. Es ist doch zu spüren, dass die Bienen dem Menschen durch die Notlage hindurch, in der sie sind, etwas zu sagen haben. Es ist entscheidend, ob sich Menschen finden, die den Wunsch haben, diese Botschaft auch zu hören, zu verstehen und in ihr Leben zu integrieren.

Der folgende Spruch soll auf das besondere Verhältnis zwischen dem Imker und dem Bienenvolk hinweisen:

Du gehst
wenn du zu den Bienen gehst
zu dir
Dein Wesen ist der Bienen
innerstes Leben
zu ihnen gehst du
als ihr Lebensbringer
als ihr Lebenserhalter
als ihr Lebensveredler
Sie sind deine Kinder
und du bist
ihr Kleinod
sie hüten dich
sie lieben dich
sie treiben dich
zu dir
Sie rufen euch zu:
Jeder werde für sich stark
werdet Eigengänger
des eigenen Schicksalspfades
wendet euch liebevoll
allem und jedem zu
verliert aber euren Standpunkt nicht
der ist nah bei euch
bei dem Kern eures eigenen göttlichen Wesens
Das ist der Samen der Erde
Götter schufen ihn
damit er aufgeht
in euch
die Erde zu erbilden
neu

In vielen Fällen ist Imkerei ein Familienunternehmen und Teil des Familienlebens. Auch die Partnerschaft, in der der Imker oder die Imkerin stehen, sind mitbetroffen.

Die Partner tragen die Arbeit für die Bienen mit. Es wäre ein Kapitel für sich, auszuführen, welchen Einfluss das Imkerhandwerk auf das Ehe- und Familienleben hat. Man kann davon ausgehen, dass es bestimmte soziale Auswirkungen der Imker-Arbeit gibt. Das trifft nun besonders dann zu, wenn die Bienen existenziell bedroht sind. Der Partnerschaft des Imkers kommt eine wesentliche Bedeutung zu. Der Partner des Imkers, seine Familie werden ihn unterstützen müssen, denn das Leiden der Bienen wird unweigerlich einen negativen Einfluss auf ihn haben. Auf die Familie des Imkers werden die Belastungen und Bedrohungen, denen die Bienen ausgesetzt sind, in irgendeiner Form übertragen. Indem man diesen Zusammenhang bemerkt, kommt man erst in die Lage, gegen diese Übertragungen die rechten Mittel zu finden. Indem man das tut, ist man im Sinne der Bienen tätig, die natürlich wünschen, dass die Menschen, die sie hüten und pflegen, ihre Arbeit weiterhin tun und nicht aufgeben. Denn gerade jetzt ist es nötig, den Bienen beizustehen. Der Familie und der Partnerschaft des Imkers kommt dabei eine wesentliche Aufgabe zu.

Ein Bild der zukünftigen Seele

Abschließend möchte ich Worte eines Bienerichs wiedergeben, die mich tief berührt haben. Man muss sich bewusst machen, dass der Bienerich anders als die Menschen auf das irdische Dasein schaut. Das hat damit zu tun, dass er zwischen der irdischen und der geistigen Welt steht. Er hat das mit vielen höheren Elementarwesen gemeinsam. Das hat zur Folge, dass er die Wirklichkeit, die wir als die eigentliche anschauen, nämlich die sinnliche Welt, anders erlebt. Er spricht:

> «Das Bienenvolk ist ein lebendiges Bild für das, was als eine zukünftige Kraft in jeder menschlichen Seele ruht. Jede Seele ist insofern ein Bienenvolk, als sie eine Zukunft hat. Die Pflege der Seele, ihre Entwicklung geschieht, damit sie ihr zukünftiges Potenzial zur Erscheinung bringen kann. In der Vollkommenheit eines Bienenvolks kann man die Kräfte der menschlichen Seele schauen, die sie einst vollständig durchdringen werden. In den Bienen erscheinen sie schon heute. Wie jeder Mensch aufgerufen ist, seine Seele zu pflegen, so pflegt der Imker die Bienen. Seine Arbeit kommt der Seelenarbeit des einzelnen Menschen an sich selbst sehr nahe. Der Imker nimmt zum Bienenvolk dieselbe Haltung ein wie zu seiner eigenen Seele, wenn er sich darum bemüht, seine zukünftigen und höheren Kräfte zu entwickeln. Die Imkerei führt in eine Welt ein, die der Seelenwelt des Menschen verwandt ist. Wenn die Seele tätig wird, um Höheres, Geistiges zu empfangen, tut sie das, was die Bienen tun, um Honig hervorzubringen. Der Honig ist wie die Frucht, die sich in der Seele entwickelt, wenn sie sich vervollkommnet. In der Seele des Menschen (Bienenstock) reift ein Geistesfunke (Nektar) zu geistiger Substanz und Nahrung (Honig). In den Bienen kann der Mensch wie in einer Vorwegnahme auf den Zustand der Seele des Menschen schauen, wie sie einmal sein

kann. Der eigenen Seele Zukunft erscheint schon im Bienenvolk.»

Es ist ein tiefes Bedürfnis des Bienerichs, dass man im Honig ein Bild sehen kann für einen Vorgang, der sich in der Seele des Menschen abspielt. Dadurch weitet sich die Sicht auf die verborgene Wahrheit der Bienen. Man lernt, durch die sinnlichen Tatsachen auf das dahinter befindliche Wesen zu schauen. Die Bienen sind durch das, wie sie leben und was sie tun, eine unerschöpfliche Quelle für tiefere Gedanken, Überlegungen und Meditationen. Der Imker hütet durch seine Arbeit ein lebendiges Wahrbild, in dem die menschliche Seele ihr verborgenes geistiges Urbild schauen kann. Dieses lebendige Bild zu hüten gehört zu der Aufgabe des Imkers. Für den Bienerich und somit auch für die Bienen ist es nicht unerheblich, ob der Imker seine Arbeit unter diesem Gesichtspunkt betrachten kann.

VI Elementarwesen und der Tod des Menschen

Um einen Mensch, der stirbt, versammeln sich viele Wesen aus der elementaren Welt. Voller Andacht, aber auch mit Neugier und Bestürzung, schauen sie auf das, was mit dem Menschen geschieht. Es finden sich Wesen aus der näheren Umgebung in dem Zimmer ein und umringen das Bett. Selbst die Anwesenheit von Baumgeistern ist spürbar. Es herrscht eine andächtige Ruhe, der aber dennoch eine kindliche Stimmung eigen ist. Solange der Mensch nicht leidet oder Schmerzen hat, ist die Stimmung nicht schwer. Wenn das aber der Fall ist, machen sich auch unter den Elementarwesen Unruhe und Verzweiflung breit, denn sie möchten gerne helfen, haben aber die Mittel dazu nicht. Es soll erwähnt werden, dass ein Sterbender auch immer von höheren geistigen Wesen umgeben ist. Die Elementarwesen sind sozusagen die niedrigsten Geister, die sich einfinden.

Die Elementarwesen versammeln sich in Ehrfurcht um einen sterbenden Menschen. Den Tod selbst nennen sie die große Lebenswandlung. Das Hinübergehen einer Seele in die geistige Welt ist für sie eine Verstärkung des heiligen Bandes, das zwischen Erde und Himmel besteht. Sie sind durch ihr Dasein und die Arbeit, die sie leisten, Teil dieses Bands, denn sie tragen die Impulse aus der geistigen Welt in die irdische. Dennoch ist das Aufsteigen einer menschlichen Seele aus der irdischen Welt für sie ein Geheimnis, da sie ihr nur bis zu einer bestimmten Schwelle folgen können. Sie kennen den Weg der Seele durch die weiteren Sphären nicht aus eigener Anschauung, sondern müssen darüber von anderen, wissenden Wesenheiten unterrichtet werden.

Der Todesmoment ist für die Elementarwesen und für die Seele, die davon betroffen ist, ein überragendes Erlebnis. Man kann sagen, dass Elementarwesen in diesem Augenblick Erfahrungen machen, die nur zu vergleichen sind mit denen eines Menschen, der eine tiefe geistige Eingebung hat. Es ist eine Schau, die den beteiligten Elementarwesen ermöglicht wird, durch die sie das Einssein der irdischen mit der kosmischen Schöpfung in einer

Form erleben, wie es sonst nur ganz selten der Fall ist. Man übertreibt nicht, wenn man sagt, dass die Elementarwesen, die einem solchen Moment beiwohnen können, tiefe Einsichten haben in das Wesen des Menschen und der Erde.

Der Todesmoment und die nachfolgende Zeit ist für den Menschen von großer Bedeutung. Im Moment des Todes ist das Wesen des Menschen in einer Vollständigkeit anwesend, wie es niemals während des Lebens der Fall ist. Wenn der Mensch stirbt, ist die hohe Wesenheit des Menschen zu erleben, die durch alle Erdenverkörperungen hindurchgegangen ist. Der Übertritt in das Reich nach dem Tod wird vom ganzen Menschenwesen vollzogen. Es ist nicht möglich, dass dieser wesentliche Schritt nur von dem «kleinen» Menschen getan wird, der für dieses eine Erdenleben mit der Erde verbunden war. Er wird immer vom ganzen, vom großen Menschenwesen getan.

Für die Wesen der elementaren Welt ist dieses große Menschenwesen in den Tagen, die auf den Tod folgen, sichtbar. Sie schauen den großen Menschen. Sie haben eine starke Sehnsucht, diesen Menschen zu sehen. Indem sie ihn schauen, werden sie gewahr, welche Kraft von diesem Menschen durch seine verschiedenen Erdenleben für die Erde und ihre Entwicklung ausgegangen ist. Sie sehen, welche Verwandlungsimpulse durch diesen Menschen bisher der Erde eingearbeitet worden sind. Dadurch ist es ihnen möglich, einen Blick in die verwandelte Erde zu tun, in den Bereich der Erde, der bereits durch den Menschen verwandelt worden ist. Sie schauen in den Tagen, die unmittelbar auf den Tod eines Menschen folgen, die heilige, die erneuerte Erde, die neue Erde. Das Besondere ist, dass der Mensch Anlass zu dieser Schau ist. Das ist der Grund, warum der Tod eines Menschen für die Wesen der elementaren Welt bedeutungsvoll ist. Durch den Übertritt eines einzelnen Menschen in das Leben nach dem Tod werden sie gewahr, inwiefern der Leib der Erde bereits durch die Menschheit verwandelt worden ist.

VII Übungswege

Wenn man sich entschließt, bewusst mit den Wesen der elementaren Welt zusammenzuarbeiten, betritt man einen Übungsweg. Man wird auf jeden Fall einen inneren Weg, einen Seelenweg, zurücklegen müssen, um für ihr Dasein und Wirken zu erwachen. Das gilt auch für Menschen, die mit einer natürlichen Sehergabe begabt sind. Auch sie müssen wie jeder Mensch üben, mit ihren Fähigkeiten umzugehen. Dieser Übungsweg hat eigene Regeln und Gesetze und ist tief mit dem Schicksalsweg des einzelnen Menschen verknüpft. Es ist ein Weg, zu dem man sich immer und immer wieder von neuem entschließen muss. Das Erkennen der geistigen Lebenszusammenhänge der Erde ist ein Ringen, weil man aufgefordert ist, sich für diesen Weg wieder und wieder zu entschließen. Es ist nicht so, dass man von außen dazu angehalten würde, das Motiv für diesen Weg ist ganz und gar ein inneres.

Wenn man beginnt, das Dasein und die Wirksamkeit der Wesen der elementaren Welt in das tägliche Leben einzubeziehen, wird man bemerken, dass sich das Leben verändert. Es sind vielleicht auf den ersten Blick unmerkliche Veränderungen. Der Erfolg, der sich einstellt, wenn man zum Beispiel die eigenen Fragen nicht nur sich selbst stellt, sondern auch an die Erde richtet und dadurch den Wesen der elementaren Welt vorlegt, ist vielleicht zunächst mehr zu ahnen als konkret nachweisbar. Aber das wird sich mit der Zeit ändern, denn die Elementarwesen warten auf Arbeit! Sie wünschen, ihr Wissen und ihre Einsichten dem Menschen zur Verfügung zu stellen. Sie wünschen, dass man auf die bedeutungsvollen Zeichen achtet, die aus ihrer Welt stammen und für den Menschen bestimmt sind.

Wenn man nur ausdauernd und fantasievoll vorgeht, wird man schließlich untrügliche Veränderung bemerken, die weit ins Praktische hineinreichen können. Elementargeister sind im Allgemeinen sehr praktisch. Sie sind mit der Erde tief verbunden und deshalb an der Umsetzung der Impulse interessiert, die der Mensch empfängt. Die Zusammenarbeit mit ihnen kann sinnvollerweise nicht anders als bis in das Alltagsgeschehen hinein ihre Wirkung auszuüben. Es ist ihr Bestreben, für den Menschen im konkrete Leben wirksam zu werden. Indem man aufmerksam auf ihre Impulse wird, macht man die Erfahrung, dass sie sich durch ganz konkrete alltägliche Geschehnisse mitteilen. Alltägliche Ereignisse bekommen dadurch eine andere und höhere Bedeutung. Man wird aufmerksamer auf die Sprache der Alltagsereignisse. Das Fallenlassen von Gegenständen, bestimmte unerwartete Gedanken, das Zusammentreffen von glücklichen Umständen, die merkwürdige Parallelität von scheinbar unzusammenhängenden Ereignissen, bestimmte innere Bilder – das alles und vieles mehr lässt sich als Zeichen deuten, die auf das Dasein und die Einflussnahme von Wesenheiten jenseits der sinnlichen Welt hinweisen.

Die Bejahung des Daseins der Elementarwesen und die Achtsamkeit auf das, was sie für den Menschen tun, hat häufig eine Beschleunigung der persönlichen Entwicklung zur Folge. Es tritt eine Bereicherung des inneren und äußeren Lebens ein. Man lernt das Staunen wieder, das für Kinder selbstverständlich ist. Das Leben wird farbiger, aufregender, leichter. Man fühlt, dass man auf der Erde ankommt, wenn man das Angebot der Wesen der elementaren Welt annimmt. Das Erleben ihrer Realität verbindet den Menschen mit der Erde. Er bemerkt, dass er mit einer Realität zusammenwächst, die mit seinem Leben eine Einheit bildet.

Ich habe immer wieder beobachtet, dass Menschen für die Wesen der elementaren Welt unsichtbar werden, wenn sie zu starre Ideen, also vorgebildete Meinungen und bestimmte Erwartungen in Bezug auf das Leben und das Aussehen der Elementarwesen haben. Ihre Suche gilt dann dem Bild, das sie sich von dem Wesen, das sie suchen, gemacht haben. Dieses Bild bindet und fesselt sowohl sie als auch die Wesen der elementaren

Welt. Diese werden durch die festen Erwartungen des Menschen in für sie sehr unangenehme Formen gezwungen. Die Folge ist, dass sie diesem unangenehmen Zustand ausweichen und sich vor dem Menschen verbergen oder ihn sogar fliehen. Das ist deshalb tragisch, weil viele Wesen der elementaren Welt eine beinah unstillbare Sehnsucht in sich tragen, dem inneren Wesen des Menschen zu begegnen. Häufig müssen sie aber die Erfahrung machen, dass ein Wust erstarrter Vorstellungen den Weg zum inneren Wesen eines Menschen überdeckt. Die Tragik besteht genau genommen darin, dass sie in sich ebenfalls ein Sehnen danach tragen, erkannt zu werden, selber aber nicht den rechten Zugang finden zu dem, von dem sie sich dies erwünschen und erhoffen.

Die Begegnung mit Wesen der elementaren Welt setzte eine gewisse innere Arbeit des Menschen voraus, die er in der Stille seiner Seele leistet. Der Mensch muss sich vorbereiten. Bestimmte Seelenfähigkeiten gehören dazu, wie das untrügliche Gefühl dafür, was und wie viel man sich selbst zumuten kann. Wenn man zu erwachen beginnt für die geistige Welt und ihre Wesen, ist das mit bestimmten Gefahren verbunden, die dadurch entstehen, dass man es mit Kräften zu tun bekommt, die man erst langsam kennenlernt, die man deshalb noch nicht einschätzen vermag und denen man noch nicht die entsprechenden Gegenkräfte entgegensetzen kann. Es ist deshalb wichtig, dass man ruhig vorwärts schreitet und nicht durch Eitelkeit oder andere verführerische Einflüsterungen Täuschungen über das Tempo der eigenen geistigen Entwicklung erliegt. Man sollte darauf achten, dass man nicht unterlässt, als eine autonome Person zu handeln. Es muss immer in der eigenen freien Entscheidung stehen, in welcher Art und in welchem Tempo man sich entwickelt. Es ist wirklich eine Gefahr, dass man zu schnell vorangeht. Die geistige Welt hat die Neigung, den Menschen magisch anzuziehen und ihm das Urteilsvermögen zu rauben.

Ebenso ist es eine gute Gewohnheit, sich immer wieder des sozialen Umkreises zu versichern, in dem man lebt. Man sollte sich immer wieder die Frage vorlegen, ob die eigene Entwicklung zum Wohl der Menschen ist, für die man Verantwortung trägt. Wirken die geistigen Erkenntnisse derart im sozialen Organismus, dass sich eine positive Wirkung feststellen lässt? Das Soziale ist ein guter Gradmesser für die Güte des eigenen Weges.

Eine weitere wichtige Voraussetzung ist die Stille der Seele. In der Seele muss es still werden können. Ein Zustand muss sich einstellen, den man als ruhige Heiterkeit bezeichnen kann. Diese heitere Ruhe ist die tragende Kraft, um den seelischen Raum entstehen zu lassen, durch den es zu einer Begegnung mit den Wesen der elementaren Welt kommen kann. Nicht weniger wesentlich ist die Aufmerksamkeit für das sinnliche Geschehen. Der aufmerksame, liebevoll einsammelnde Blick des Menschen ist eine Wohltat für die Wesen der elementaren Welt. Die Ausstrahlung eines erwartungslosen und genauen Blicks auf die Phänomene der Natur wirkt auf sie anziehend. Aufmerksame Menschen sind für die Wesen der elementaren Welt interessant. Die Seelenstimmung der sorglosen Bedingungslosigkeit hilft dem Menschen, sich von bestimmten Erwartungen und Absichten frei zu machen. Er muss sich darin üben, seine Erwartungen und Absichten loszulassen, um sich dem hingeben zu können, was sich um ihn herum als ein unsichtbares, geheimnisvolles Geschehen jenseits der üblichen Sinneserscheinungen ereignet.

Es ist von großem Vorteil, geduldig mit sich selbst und den eigenen Fortschritten zu sein. Es ist ein Fehler, sich an den Fortschritten zu messen, die man auf geistigem Gebiet macht. Man darf seine Selbstachtung nicht von der Güte der eigenen geistigen Erlebnisse und Einsichten abhängig machen. Sobald man sich mit den geistigen Erkenntnissen, die man sich errungen hat, so weit identifiziert, dass sie dazu beitragen, die Selbstachtung zu steigern, missbraucht man die Wesenheiten, die sich von der anderen Seite der Wirklichkeit für diese Erkenntnisse zur Verfügung stellen. Man instrumentalisiert sie für die Aufwertung der eigenen Persönlichkeit.

Es gibt Gedanken, die dazu geeignet sind, die Seele auf die Begegnung mit den Wesen der geistigen Welt vorzubereiten. Die Seele kann sich zur Regel machen, sich für eine gewisse Zeit mit diesen Gedanken zu befassen und sie zu meditieren. Dadurch wird sie Kräfte in sich erwecken können, die dazu dienen, aufmerksam und dennoch unvoreingenommen sein zu können.

Eines von vielen Beispielen solcher Meditationsgedanken lautet:

Lebensfunken glühen
auf dem Grund der Seele
die auf sich zurückführt
das sichtbare Dasein
denn sie findet
sich in allem
und alles
in sich

Die persönliche Entwicklung hängt von der Wertschätzung ab, die man sich selbst entgegenbringt. Selbstentwicklung muss an diesem Punkt ansetzten. Es kann nicht darum gehen, sich die eigenen Mängel vorzuhalten, vielmehr handelt es sich darum, zu einer realistischen, nüchternen Einschätzung der eigenen Individualität zu kommen. Dazu gehört aber auch die Ahnung oder das Wissen von deren Unverletzbarkeit, deren Ewigkeit. Der Wesenskern des Menschen ist geistiger Natur. Dieser kann sich dem Blick, der ausschließlich dem Sinnesschein zugewandt ist, nur unvollkommen zeigen. Die Vollständigkeit, die Ganzheit eines Wesens lässt sich durch eine Wahrnehmung, die nur Sinnliches gelten lässt, nicht erfassen. Der einzelne Mensch kann sich nur in seiner Vollständigkeit anerkennen, wenn er sich als ein geistiges Wesen begreift. An seinem Ich hat jeder Mensch immer auch geistige Erlebnisse.

Die moderne Seele hat ein starkes Bedürfnis nach eigenen Erfahrungen. Übernommene Meinungen und Erkenntnisse gelten ihr nicht viel. Äußerliches soll die Erfahrungsmöglichkeiten nicht einschränken. Es besteht der Wunsch nach originären Erfahrungen. Um solche zu haben, ist aber als ein erster Schritt notwendig, das gewöhnliche Denken zurückzudrängen. Das bedeutet, dass man das Denken, das wie eine selbstverständliche und ununterbrochene Melodie das innere Leben ständig begleitet, loslässt. Dieser Gedankenstrom, der ununterbrochen fließt, muss für die Dauer, in der man eigene Erfahrungen machen möchte, losgelassen werden. Ihn zu unterbrechen oder anzuhalten ist nicht so leicht. Man kann diesen Gedankenstrom in einer innerlichen Geste wie fallen lassen, also tiefer sinken lassen, so dass er in den Untergründen zwar weiter fließt, aber für eine gewisse Zeit unhörbar, still wird. Dadurch entsteht überhaupt ein Raum, der der Seele erlaubt, sich uneingeschränkt dem zuzuwenden, was durch die Sinne zu erfahren ist. Es kommt darauf an, den Sinnesorganen ihre Wachheit und Aufmerksamkeit wieder zurückzugeben, die durch ein Denken eingeschränkt werden, das sich eigenmächtig verhält, weil es bestimmten äußerlichen Formen und Gewohnheiten gehorcht.

Man kann sich dem hingeben, was man durch die Sinne, zum Beispiel von einem Baum, einem Tier oder einer Landschaft, erfahren kann. Man kann eintauchen in einen Klang, eine Farbe, eine Naturstimmung, in das Licht, in die Finsternis oder den Sternenhimmel. Dadurch begegnet man wirklich der Sinneswelt. Es ist eine besondere Erfahrung, wenn diese Hingabe gelingt. Die Seele wird tief berührt, sie verschmilzt mit den Sinneseindrücken. Indem man sich übt, in dieser Art Erfahrungen zu machen, verliert sich das Bedürfnis, auf jede Wahrnehmung unmittelbar mit Gedanken zu reagieren. Sich wiederholt den Sinneseindrücken vollständig hinzugeben, erleichtert es, mit dem Denken zurückhaltender zu sein. Die Seele erfährt unmittelbar den Reichtum, der in den Sinneswahrnehmungen liegt. Der Mensch erwacht für das, was sich den Sinnen offenbart.

Denken, wenn es zu früh eingreift, verhindert die uneingeschränkte Erfahrung. Diese ist nur möglich, wenn sich ein Seelenraum der Unmittelbarkeit auftut. In ihm haben die Begriffe ihre Herrschaft noch nicht angetreten. Wahrnehmungen, die ganz dem Objekt ihrer Wahrnehmung treu bleiben, suchen keine Erklärungen. Unmittelbares Wahrnehmen bedeutet, die Lust an der Unerklärlichkeit zu pflegen. Die Seele will aus sich heraus viel weniger wissen, als man meint. Sie ist häufig sehr zufrieden damit, sich einem Wesen ohne jegliches begriffliches Wissen sinnlich hinzugeben. Die Seele hat dadurch eine Begegnung mit dem Kind, das sie immer ist, das immer in ihr lebt, das sie immer bleiben wird. Der kindliche Anteil in der Seele begnügt sich mit der sinnlichen Wahrnehmung. Die Sinnesempfindung ist ihm genug. Neugier keimt doch aus dem sinnlichen Erlebnis. Dadurch, dass man sich uneingeschränkt dem hingibt, was man durch die Sinne erfährt, stellt sich ein individueller Zugang zur Welt her. Die Sinneserlebnisse sind die Quelle ureigener Erfahrungen. Auf diesen erst baut ein lebendiges Denken auf.

Durch ein zu frühes Denken springt man sofort in die Sphäre des Allgemeinen, das dem Gedanklichen anhaftet. Es besteht die Gefahr, dass man nicht bemerkt, dass man sich dadurch von der Erlebnissphäre löst. Dadurch findet im Menschen eine Trennung zwischen sinnlicher und ideeller Welt statt. Denken gründet aber auf den Erfahrungen, die an der sinnlichen Welt gemacht werden. Denken ohne den Rückhalt, den nur die tiefe und intensive sinnliche Erfahrung geben kann, ist in Gefahr, blass, abstrakt, gekünstelt und hypothetisch zu werden. Man wartet nicht ab und beginnt zu denken, weil man sich letztlich vor neuen Erfahrungen scheut. Denken ist immer auch ein Schutz vor neuen Einsichten. Verfrühtes Denken vermittelt Sicherheit, die aber trügerisch ist. Neue Erfahrung stellen für den Menschen deshalb eine Gefahr dar, weil man nie wissen kann, ob das Gedankensystem, das man sich gebildet hat, dadurch nicht erschüttert wird. Da ist es natürlich bequem zu denken, bevor sich neue Erfahrungen überhaupt einstellen können. Denn indem ich denke, wird das Wahrgenommene einer bestimmten Ordnung eingegliedert. Die Wahrnehmungen unterliegen dann allgemeinen Gesetzmäßigkeiten, die nur vom Denken gefunden werden können. Sie erhalten Namen. Die Folge ist, dass die Wahrnehmung aus dem Strom der lebendigen Unmittelbarkeit herausgerissen wird. Für den Menschen verliert die Wahrnehmung im Augenblick der begrifflichen Benennung ihre Unmittelbarkeit, ihre Frische, ihre Lebendigkeit. Aber sie bekommt Namen, eine Stellung in der Gesamtheit der Phänomene und fügt sich in eine gedanklichen Ordnung ein. Diese Ordnung, die nur durch das Denken hervorgebracht werden kann, ist für das Bewusstsein des Menschen unentbehrlich. Sie setzt den Menschen erst in die Lage, Bewusstsein zu entwickeln. Sie darf aber die Erfahrungssphäre nicht einschränken, sondern muss sie erweitern.

Es braucht einen gewissen Mut, das Denken zurückzuhalten. Denn eine verborgene Angst sorgt dafür, dass es einem nicht leicht fällt, die reine, vom Denken unberührte Wahrnehmung gelten zu lassen. Durch sie wird die Seele einer Unsicherheit ausgesetzt, die schwer zu ertragen ist. Im Zustand der reinen, von keiner begrifflichen Aktivität beeinflussten Wahrnehmung fehlt der Seele jegliches Mittel zu erkennen. Sie hat den festen Boden aufgegeben, den ihr das Denken verleiht. Ganz Sinn zu sein, ist ein Zustand, den man lernen muss auszuhalten. Er löst Ängste aus, denn man betritt gewissermaßen eine Sphäre, in der man seine Souveränität aufgibt. Es ist wichtig, Kenntnis von dieser Angst zu haben. Kinder kennen sie kaum. Sie sind ganz Sinn und deshalb von keinem Begriffssystem abhängig. Das Bewusstsein des Menschen braucht aber zur Selbsterhaltung ein Gedankensystem. Dieses dient ihm dazu, der Angst zu widerstehen, die von der reinen Wahrnehmungen ausgeht.

Man scheut sich, die Wahrnehmungen in ihrem reinen Zustand zu belassen, weil man vor dem Unwägbaren, dem Unergründlichen und Unfassbaren zurückschreckt, das man in jedem Ding und Wesen ahnt. Das Denken schützt das Selbst davor, sich in dem Wesen, dem man sich zuwendet, vollständig zu verlieren. Ein Unheimliches, «das Unbedingte», von dem Novalis spricht, taucht für die wahrnehmende Seele auf, die sich uneingeschränkt an ein anderes Wesen hingibt. Dieses Unheimliche ist aber nichts anderes als das Zeichen einer tiefen Erfahrung, nämlich der Wahrnehmung des Wesens selbst. Wesensberührung bedeutet den Verlust der Souveränität der wahrnehmenden Seele. Sie verliert sich an das andere Wesen, wenn sie von ihm innerlich berührt wird. Sie kommt durch diesen Schritt naturgemäß an die Grenzen des Denkens. Die Begriffe versagen ihren Dienst in dem Augenblick, in dem die wahrnehmende Seele das Wesen, dem die Wahrnehmung gilt, erlebt. Es ist für diesen Augenblick dabei, mit dem anderen Wesen identisch zu werden. Diese Angst vor dem Unergründlichen spielt eine bedeutende Rolle, und es ist wichtig, sie zu erkennen.

Die Wahrnehmungsintensität verstärkt sich, wenn man ausdauernd denselben Gegenstand betrachtet. Dadurch, dass man längere Zeit einen Baum, eine Pflanze, ein Bächlein oder selbst einen Gegenstand des täglichen Gebrauchs beobachtet, stellt sich das Gefühl ein, mit ihm auf eine besondere Art vertraut zu werden. Man fühlt, dass man von dem Objekt der Wahrnehmung erwartet wird.

Dabei kann man durchaus experimentieren und versuchen, zum Beispiel den Gleichgewichtssinn oder den Bewegungssinn zu Rate zu ziehen, wenn es darum geht, die Form eines Gegenstands, eines Baums, einer Pflanze zu erfassen. Das intensive stille Ertasten der Konsistenz von Blütenblättern, das Erspüren der Kraft strömenden Wassers, die wache Wahrnehmung der Oberflächenstruktur eines Stoffs kann zu neuen Erlebnissen führen. Durch lebhaftes Lauschen auf Geräusche und Klänge kann man in Welten dringen, die einen tief erschüttern können und einem das Gefühl geben, Unsagbares zu erahnen.

Manche Sinneseindrücke sind sehr zart und doch ausdrucksstark, wenn man die lebendige Wirkung, die sie auf die Seele haben, erlauscht. So können Formen und Linien, wenn die Seele ihrem Verlauf, «ihrer Sprache», intensiv folgt, zu tiefen Erlebnissen führen. Die Formensprache der Dinge ist für die Seele wie eine lesbare Schrift. Sie bildet die wahrgenommenen Formen innerlich nach. Man kann davon ausgehen, dass in der Seele jede äußere Form als unsichtbare, aber empfundene Gebärde fortlebt. Die Seele liest, was sie durch die Sinne aufnimmt. Durch sie erhält das Sinnliche ein neues Leben. Der hier beschriebene Vorgang ist von großer Bedeutung. Dadurch ergreift ein innerer Lebensstrom die Seele. Das Wesenhafte der Natur erhält Einlass. Die äußere Welt wird vertraut. Ein Frieden erfasst die Seele, weil sie bemerkt, dass sie nicht von der äußeren Welt getrennt ist.

Was wir durch die Sinne wahrnehmen, taucht stets in ganz bestimmten Formen auf. Diese Formen sind verlässlich, sie zeigen sich immer wieder. Sie unterliegen ganz bestimmten Rhythmen. Aus dem gleichen Samen keimt immer die gleiche Pflanze. Bestimmte Orte auf der Erde erkennt man wieder, weil sie ihre Form durch die Zeit beibehalten. Die Lebensrhythmen, in die der Mensch eingespannt ist und die ihn umgeben, die auch sein eigenes Leben tragen, besitzen eine große Verlässlichkeit. Diese Rhythmen und Formen des Lebens weisen auf das geistige Leben der Erde hin. Es liegt allem Sinnlichen zugrunde und ist in ihm wirksam. Die Verlässlichkeit der sinnlichen Wirklichkeit ist Ausdruck dieses geistigen Lebens. Es ist der Grund, über dem sich das erhebt, was wir als Wirklichkeit der Erde bezeichnen. Dieses geistige Leben ist gedanklicher Natur. In dem, was man als die Sinneswelt wahrnimmt, manifestieren sich Gedanken. Die Erde wird, bevor sie im Sinnlichen erscheint, gedacht. Auch die Elementarwesen erleben sich so, dass sie gedacht werden. Ihr Tätigsein, ihre Wirksamkeit erleben sie als eine Art Denken höherer Wesenheiten. Indem sie in dem schaffenden Strom stehen, der von diesem höheren Denken ausgeht, erleben sie sich als Glieder eines schöpferischen Aktes, aus dem die sinnliche Welt hervorgeht. Sie befinden sich als geistige Wesen, die der Erde angehören, in einem schöpferischen Weben und Strömen, das ursprünglich gedanklicher Natur ist.

Das Leben der Wesen der elementaren Welt besteht darin, dass sie in das webende, lebende Netz von gedanklichen Formen hineinschlüpfen, die von höheren Welten hervorgebracht werden. Dadurch können sie überhaupt tätig werden. Will man einen Zugang zur Welt der Elementarwesen gewinnen, kann man versuchen sich vorzustellen, worin sich die Gedankenformen, welche die Wesen des Wassers vorfinden, von denen unterscheiden, die die Wesen der Luft vorfinden. Wasser denkt anders als die Luft. Die Gedankenformen, die die Elementarwesen der Erde oder der Wärme durch ihr Tätigsein erfüllen, haben eine jeweils unverwechselbare Eigenart, so dass man sich nur durch die Vorstellungskraft einen guten Eindruck ihrer Wesensart verschaffen kann.

Die menschlichen Gedanken stellen eine reale Wirkung in der Welt der Elementarwesen dar. Die elementare Welt kann man sich wie eine große übersinnliche Schale vorstellen, die beständig das in sich aufnimmt, was vom Menschen gedacht wird. Die Elementarwesen bilden als Ganzheit eine Schale, die sich mit der Gedankensubstanz der Menschen füllt. Diese Gedankensubstanz ist nun von unterschiedlicher Qualität. Bestimmte Gedanken nähren die Wesen der elementaren Welt, andere zehren sie aus. Es ist sehr erhellend, sich einmal vorzustellen, welche Gedanken in welcher Weise auf die Wesen der elementaren Welt wirken. Man kann versuchen, auf die Wirkungen zu lauschen, die von bestimmten Gedanken ausgehen. Man kann sich tatsächlich so in die Wirklichkeit der Erde hineinversetzen, dass man wahrnimmt, welche Gedanken für sie mit welchen Folgen verbunden sind. Die Elementarwesen haben Freude, wenn der Mensch so lernt, sich in ihr Dasein hineinzufühlen.

Durch die Tätigkeit des Denkens erfasst der Mensch das gesamte Leben der Erde. Als Denkender macht er sich ein Bild der Erde. Tiere, Pflanzen oder Mineralien sind dazu nicht in der Lage. Denken ist eine besondere Gabe des Menschen. Die genaue Beobachtung zeigt, dass der Mensch durch das Denken nicht nur die Möglichkeit hat zu erkennen, sondern dass er der Erde auch etwas hinzuzufügen vermag, was sie nicht durch sich selbst hervorbringen kann. Denkend fügt er ihr etwas Wesentliches hinzu. Gedanken sind wie Samen, die eine ganz bestimmte Wirkungen auf die Erde haben. Sie wirken innerhalb einer bestimmten geistigen Sphäre der Erde. Diese Sphäre kann man sich als eine seelische Atmosphäre vorstellen, in der die Erde badet wie in einem geistigen Ozean. Mit diesem Gedankenozean ist der Mensch als denkendes Wesen tief verbunden. Das Verhältnis der Menschen zur Erde und der Erde zum Menschen hat mit dieser Sphäre zu tun. Es ist für das Leben der Erde nicht unwesentlich, welche Gedanken der Mensch in seiner Seele bewegt. Er trägt eine Verantwortung für die Erde, weil er denkt.

Es ist falsch anzunehmen, Gedanken wären nur für den wahrnehmbar, der sie denkt. Sie prägen sich der Wesenheit des Menschen ein. Die Qualität der Gedanken, die sich ein Mensch macht, sind für den, der ein wenig feiner wahrnimmt, am Menschen selbst spürbar. In jedem Menschen lebt die seelische Realität seiner Gedanken als Ausstrahlung seines Wesens. Ein Gedanke, den ein Mensch schon lange hegt, den er hin und her bewegt hat, an dem er hängt, strahlt anders als ein spontaner Gedanke, ein Einfall. Es gibt aber auch Gedanken, die sich fortwährend wiederholen, die kein Ende oder Anfang haben und denen ein Mensch wie ausgeliefert ist, und es gibt solche, die ganz neu, keimhaft und frisch sind, die von dem Menschen vielleicht das erste Mal gedacht werden. Ihre Qualitäten zeigen sich jeweils in der Aura eines Menschen.

Man kann tatsächlich davon ausgehen, dass jeder Gedanke, den man denkt, einen ganz bestimmten Weg durch die geistige Wirklichkeit der Erde macht. Wenn man versucht, sich ein Erleben dieses Weges zu verschaffen, wird man erfahren, mit welchen geistigen Wesenheiten sich jeder einzelne Gedanke verbindet oder, besser gesagt, wiederverbindet. Denn er taucht zwar im menschlichen Bewusstsein auf, war aber deshalb zuvor nicht einfach nichtexistent. Jeder Gedanke, der von einem Menschen gedacht wird, hat eine Herkunft und einen weiteren Weg in der geistigen, seelischen Wirklichkeit der Erde. Im Menschen taucht ein bestimmter Gedanke auf, er wird ihm bewusst, aber ist nicht ursächlich von ihm erzeugt worden. Genauso ist er nicht zu Ende gedacht, wenn er dem menschlichen Bewusstsein wieder entfällt. Man kann sagen, dass ein Gedanke, wenn er im menschlichen Bewusstsein auftaucht, eigentlich in der geistigen Welt gelesen wird, und wenn er dem Bewusstsein wieder entfällt, durch den Menschen zu einer irdischen Wirklichkeit geworden ist.

Nun kann man das eigene Gedankenleben dadurch stärken, dass man sich willentlich mit ganz bestimmten, bedeutungsvollen Gedanken verbinden, die in wenigen Begriffen viel und wichtiges enthalten. Man kann sich sagen:

Weisheit lebt im Licht

oder:

Zum Du wandelt sich das Ich

oder:

Das Welten-Ich ist in mir

Mithilfe solcher Gedanken kann man Erfahrungen mit der Gedankensphäre sammeln. Man tut das am besten, indem man sich ihnen hingibt. Man lässt sie in der eigenen Seele groß werden und erklingen. Dann lauscht man auf den Widerhall, den sie in der Seele erzeugen. Denn es gibt keinen Gedanken, auf den die Seele nicht in einer bestimmten Form und Art antworten würde. Es lohnt sich zu beobachten, wie die eigene Seele auf Gedanken antwortet. Dadurch deckt man eine intime Seite der menschlichen Seele auf. Man findet Zugang zu einer Schicht der Seele, die zwar ununterbrochen wirksam ist, der man sich aber mit Aufmerksamkeit nähern muss, um sie zu entdecken.

Die Schulung des Denkens bekommt dadurch einen besonderen Impuls, dass man lernt, von der Erde und ihren Wesen aus auf den Menschen und sein Tun zu schauen. Dadurch vertauscht man die Blickrichtung. Man kann sich hineinfühlen, wie zum Beispiel eine Landschaft, ein Baum oder ein bestimmtes Tier einen Menschen erlebt, der vorbeigeht. Man schlüpft selbst in das Wesen, das die Erde ist. Man macht Erfahrungen von dem, was die Elementarwesen das Angesicht der Erde nennen. Sie selbst sind Teil dieser großen umfassenden Wesenheit der Erde. Sie empfinden sich wie eine fühlende Zelle dieses Ganzen, das die Erde ist. Es ist tatsächlich möglich, sich als Mensch so in einen Baum, eine Blüte, einen Bach oder einen Fels hineinzuversetzen, dass man aus dem entsprechenden Wesen herausschauen kann. Man kann sein eigenes Gesicht, das eigene Wesen, so in das fremde Wesen hineinlegen, dass man wirklich aus ihm herausschaut. Man kann sich in das fremde Wesen hineinwünschen. Man kann sich in einen Baum wünschen, in einen Berg, in ein Tal und so weiter. Es ist viel weniger schwieriger, als man meint. Diese Empfehlungen sind ein Wunsch, den die Wesen der elementaren Welt an den Menschen haben. Sie verstehen eigentlich nicht, warum sie die Menschen zu solchen Dingen auffordern müssen, da sie doch genau sehen, dass die Menschen dazu in der Lage sind. Sie verstehen nicht, dass die Menschen mit ihren Fähigkeiten so wenig anfangen. In ihren Augen sind sie in vielen Fällen furchtbar einfallslos. Der Schritt zu einem Wesenserlebnis ist viel kleiner, als man im Allgemein annimmt. Die Möglichkeiten, sich einzufühlen, mit der Seele und dem Bewusstsein Teil der Welt und der Wesen zu werden, die die Erde beleben und bilden, sind reich und liegen jederzeit offen da. Ergreift man sie, dann kommt man dazu, das zu erleben, was die Erde denkt.

Der Mensch kann Gedanken denken, die verneinender, zerstörerischer und vernichtender Natur sind. Es gehört zu den Aufgaben, die die Elementarwesen von den Wesenheiten höherer Welten übertragen bekommen haben, die Wirkungen der Gedanken, die gegen das Leben als solches gerichtet sind, aufzunehmen. Dieser Auftrag bedeutet für die Elementarwesen eine große Last. Sie sprechen nicht gerne von ihm. Sie führen ihn gegenüber der Erde als einem lebendigen und empfindenden Organismus aus. Sie schützen die Erde, indem sie diese Gedanken unter sich aufnehmen und die schädigenden Wirkungen integrieren. Diese Gedanken sind solche, die ihre verwandelnde und schöpferische Kraft verloren haben. Indem er denkt, macht sich der Menschen immer kosmische Kräfte, eigentlich kosmische Substanz, zu eigen. Indem er nun Gedanken hervorbringt, die gegen das Prinzip des Lebens gerichtet sind, beraubt er die Gedanken ihres schöpferischen Potenzials. Es ist so, als richte der Mensch geistige Schwerter gegen den Kosmos, wenn er Gedanken in sich bewegt, die gegen die Lebensprinzipien verstoßen, die im Kosmos gegründet sind. Es ist wahrzunehmen, dass die von den Menschen stammenden negativen Gedanken sich wie ein dunkler öliger Film über die elementare Welt legten. Es gehört zu den Aufgaben der Elementarwesen, das, was als erstarrte geistige Substanz in ihr Reich hineindringt, wieder zum Leben zu erwecken, geschmeidig zu machen und aufzulösen. Dadurch schützen sie den Erdorganismus.

Die erstarrten, lebensfeindlichen Gedanken, die der Mensch hervorbringt und nicht verwandelt, belasten die elementare Welt. Es ist eine Aufgaben gerade der heutigen Zeit, dass sich Menschen finden, die diese Not erkennen, die dadurch unter den Elementarwesen hervorgerufen wird, und den Wunsch in sich fühlen, sie zu lindern. Wer sich persönlich mit diesem Thema befasst, wird rasch die Erfahrung machen, dass ihm viele Möglichkeiten zur Verfügung stehen, die Wesen der elementaren Welt bei ihrer Verwandlungsarbeit zu unterstützen. Er wird bemerken, dass er auf keine Weise kapitulieren muss. Gerade von den Elementarwesen selbst bin ich wieder und wieder daran erinnert worden, dass es eine große Anzahl von Möglichkeiten gibt, sie bei ihrer Verwandlungsarbeit zu unterstützen. Es besteht keine Veranlassung, an den Möglichkeiten zu zweifeln, die jeder Mensch in seiner persönlichen und individuellen Lebenssituation hat. Diese sind viel größer, als allgemein angenommen wird. Was es aber braucht, um diese Möglichkeiten zu erkennen, ist eine Einsicht in die Kraft, durch die sich die menschliche Seele gedanklich mit den Wesen vereinigen kann, die die geistige Entwicklung der Erde und der Menschheit vorantreiben wollen. Diese Wesen sind da, und sie sind, das kann hier ausgesprochen werden, sehr nah. Sie sind jeder Seele so nah, dass jeder Mensch sich ihrer vergewissern kann. Und es ist möglich, allein durch den achtsamen Gebrauch seiner Gedankenkräfte sich dieser Wesen zu vergewissern. Was es ebenfalls braucht, ist das Vertrauen in die Verwandlungskräfte, über die das menschliche Bewusstsein verfügt. Ich habe viele Wesen der elementaren Welt getroffen, die sich in dieser Hinsicht ganz deutlich ausdrücken. Sie sagen, dass der Mensch noch gar nicht begriffen hat, welche Kräfte er durch sein Bewusstsein sein Eigen nennen könnte. Er geht in dieser Beziehung mit sich recht ärmlich um. Er verzichtet auf das, was ihm und der Erde doch so wesentlich helfen könnte. Er ist, was die Aufmerksamkeit für die Kräfte seines Bewusstseins betrifft, immer noch überkommenen Denkformen verhaftet. Durch diese hat er die Überzeugung verinnerlicht, dass Denken nicht Sache des einfachen Menschen, des Einzelnen ist, sondern nur von einer höheren Instanz ausgehen kann. Dieses Hörigkeitsprinzip ist immer noch in den Seelen vieler Menschen stark verankert. Dadurch wird verhindert, überhaupt aufmerksam und vorurteilsfrei die eigenen Denkkräfte anzuschauen. Wenn man das täte, würde man rasch bemerken, dass schon durch das bewusste Achten auf die eigenen Gedanken man das kennenlernt, was sich als Zauberwirkung des Bewusstseins bezeichnen lässt.

Denken hat viel mit der Pflege der Erde zu tun. Man kann den Entschluss fassen, besondere Feiermomente zu schaffen, in denen man den Wesen der elementaren Welt durch die Kraft des eigenen Bewusstseins zur Seite steht. Es besteht geradezu ein Bedürfnis bei den modernen Menschen nach einem rituellen Zugang zur geistigen Wirklichkeit der Erde. Ich möchte es der Fantasie des Einzelnen überlassen, solche Feierminuten oder Feierstunden abzuhalten. So viel möchte ich aber sagen, dass es für die Wesen der elementaren Welt ein großes Glück bedeutet, wenn sie an einer solchen Feier teilnehmen dürfen. Denn es ist so, dass sie in der Regel eingeladen werden müssen. Sie haben den Auftrag, die Freiheit des Menschen unbedingt zu achten. Sie werden von den Wesen der höheren Welten dazu aufgefordert, die menschlichen Entschlüsse zu achten. Das heißt aber auch, dass sie sich, wenn sie eingeladen werden, einfinden. Sie kommen, wenn man sie ruft. Sie sind sogleich da, wenn man sie um Hilfe und Unterstützung bittet. Damit ist etwas sehr Wesentliches gesagt. Was der Wesensart der Elementarwesen sehr entgegen kommt, ist die Regelmäßigkeit, mit der man mit ihnen feiern möchte. Man kann diese Feiern ankündigen, gegebenenfalls auch verschieben, wenn es nötig wird. Hilfreich ist es, wenn man verschiedene Naturmaterialien zusammenträgt, so dass alle Elemente und Naturreiche vertreten sind. Eine brennende Bienenwachskerze, Rindenstücke, Blüten, eine Schale mit Wasser, Steine, Zweige, Sand, Muscheln und so weiter können sehr hilfreich sein, den Wesen der elementaren Welt den Weg zu bahnen. Indem man etwas vorliest, singt oder einfach durch ein Gebet seinen Dank ausspricht, wird man bemerken, wie das Angebot, das man auf diese Weise macht, von der anderen Welt beantwortet wird. Manchmal reicht es auch, wenn man nur sehr wenig macht. Ich habe oft erlebt, wie Elementarwesen kommen, die einfach das, was man für sie hergerichtet hat, bestaunen und bestaunen. Sie wünschen manchmal gar nicht mehr, als die Geschenke, die man ihnen hingestellt hat, genießen zu können. Es gibt auch viele Wesen der elementaren Welt, die einfach den Menschen, der das für sie tut, anschauen und mit ihm in einen Austausch treten wollen. Ich habe oft erlebt, wie Elementarwesen berührt sind, durch das, was man für sie tut. Ich habe sie sagen gehört: «So beginnt Frieden».

Indem man sich das Geschehen einer solchen Feierstunde vergegenwärtig, wird man aufmerksam auf das Verhältnis von menschlichem Bewusstseins und ätherischer Welt. Indem man sie praktiziert, kann man wertvolle Erfahrungen über die magische und heilende Wirkung der eigenen Denkkräfte machen. Man schaut, was Gedanken vermögen. Man erfährt, wie die Erde auf das antwortet, was der Mensch in seinem Bewusstsein bewegt.

Gedanken und Ideen haben die Neigung, das Individuum in einen geheimnisvollen Bann zu schlagen. Ideen können sehr machtvoll sein. Es besteht die Gefahr, sich von den Inhalten der Gedanken beherrschen zu lassen. Dieser Vorgang ist häufig zu beobachten. Es ist erschreckend, welche Macht Ideen über Menschen ausüben können. Wenn Gedanken oder Ideen zu Überzeugungen werden, ist die Gefahr besonders groß, dass sich das Individuum ihnen ausliefert. Es verliert seine Autonomie an bestimmte Ideen. Der Mensch handelt dann, weil er bestimmte Ideen verfolgt. Damit hat er aber die Macht, die er über sich selbst haben sollte, an eine andere Instanz abgetreten. Urteilen und Entscheiden sind jedoch ausschließlich Sache der Individualität. Man sollte deshalb nicht eine Entscheidung fällen, weil man einem bestimmten Gedanken oder einer Idee oder Überzeugung folgt. Entscheidungen dürfen sich nie von selbst ergeben. Damit die Freiheit des einzelnen Menschen gewahrt bleibt, müssen seine Entscheidungen einem ganz eigenen kreativen Akt entspringen. Sie dürfen nicht vorhersehbar sein.

Der einzelne Mensch kann das Vorrecht über die eigenen Entscheidungen und Urteile nur dadurch aufrechterhalten, dass er sich ausschließlich dem verpflichtet fühlt, was er selbst aus sich heraus verantworten kann. Seine Autonomie darf er nicht an die

Gedanken und Ideen verlieren, die er hat. Dabei kommt es nicht auf den Inhalt derselben an. Sie können sehr ehrenhaft sein. Das Individuum darf sich nicht verpflichtet fühlen, aus bestimmten Gewohnheiten oder Überzeugungen zu handeln. Jede Tradition, jede vorgefasste Meinung schränkt die eigene Freiheit ein. Was aber gelten kann, ist das, was der individuelle Mensch aus sich heraus betragen möchte, was er einbringen will aus dem Wesen, das er selber ist.

Gedankentraditionen und Gedankengewohnheiten trüben letztlich den Blick des Menschen auf sich selbst, also auf die Individualität, wie sie ist, und ihre wahren Fähigkeiten. Gedankentraditionen neigen immer dazu, das Individuum herabzusetzen und der Allgemeinheit anzugleichen. Sie unterwerfen den einzelnen Menschen einem Kanon von Regeln und Gesetzen, die nie und nimmer für das einzelne Individuum Geltung haben können. Es wird ihm so verunmöglicht, zu sich selbst in ein Verhältnis zu kommen, das der Wahrheit des eigenen Wesens entspricht. Dieser Wahrheit aber sollte die Suche gelten.

Vergessen und Erinnern sind geheimnisvolle Fähigkeiten. Die Wege, die das Vergessene geht, sind schwer nachzuzeichnen. Jedenfalls bleibt es mit der Seele verbunden. Auch Erlebnisse, an die man sich nicht mehr erinnern kann, sind nicht einfach ausgelöscht. Sie leben still weiter, auch wenn die Seele nichts davon weiß. Alles, was der Mensch in seinem Leben an Erfahrungen aufnimmt, fällt in seine Seele und bildet einen Grund, einen Boden, über dem sich diese erhebt. Diese Sphäre, in der die Erlebnisse aufgenommen werden dadurch, dass sie dem Vergessen anheimfielen, bildet den Seelengrund, auf dem die anderen Seeleneigenschaften beruhen. Durch die Fähigkeit zu vergessen bildet sich der feste Seelegrund.

Wenn man versucht, den Weg zu verfolgen, den ein Bewusstseinsinhalt geht, wenn er vergessen wird, wird man darüber erstaunt sein, wie tief er fällt. Vergessenes fällt sehr tief in die Seele. Sie verliert den Zugriff darauf. Es entfällt ihr so vollständig, dass man sich wundert, wie sie sich seiner überhaupt wieder erinnern kann. Es ist tatsächlich ein tiefes Loslassen der Bewusstseinsinhalte, was durch das Vergessen geschieht. Vergessen und Wiedererinnerung sind sehr tiefe Atembewegungen der Seele. Sie gehören zu deren wesentlichen Grundgebärden. Vergessen befreit sie von dem, was sie gerade augenblicklich beschäftigt. Sie wird dadurch frei und gereinigt und darauf vorbereitet, sich Neuem hingeben zu können. Wer nicht vergessen kann, wendet sich vom Neuen ab. Er stellt sich außerhalb des Zeit- und Entwicklungsstroms. Das Vergessen verbindet den Menschen mit einem wesentlichen rhythmischen Geschehen. Das Erleben der lebendigen Zeit kann nur dadurch zustande kommen, dass der Mensch vergisst und erinnert.

Vergessen und Erinnern sind die beiden Pole eines Rhythmus, durch den der Mensch die Gewissheit erhält, dass die Zeit ein qualitativer, also ein lebendiger Strom, ein Lebensstrom ist.

Erinnern ist nicht nur ein Reproduzieren, ein bloßes Wiederholen dessen, was vergessen wurde. Erinnern bedeutet, dass der Mensch ein neues Verhältnis zu einem zurückliegenden Ereignis seines Lebens einnimmt. Er erschafft sich selbst in einem gewissen Sinn neu, indem er sich erinnert. Es ist ein lebendiger Prozess, durch den die Seele in die eigene Vergangenheit eingreift, indem sie vergisst und erinnert. Der Mensch nimmt dadurch an einem Verwandlungsprozess teil. Indem man sich erinnert, wird das Vergessene nicht nur heraufgeholt, sondern immer auch verwandelt.

Vergessen und Erinnern lassen sich dazu nutzen, vertiefte Einsichten zu erhalten. Sie können zu Erkenntnisinstrumenten werden. Voraussetzung ist ein bewusster Umgang mit diesen beiden Seelenfähigkeiten. Dazu sind in einem ersten Schritt alle Sinneserfahrungen, die man über ein bestimmtes Wesen gesammelt hat, aktiv fallenzulassen. Das innere Bild, das von dem Wesen, das man beobachtet hat, in der Seele lebt, löscht man aus und übergibt es bewusst dem Vergessen. Man wischt es weg. Dadurch befreit man sich von dem der Sinnesbeobachtung entstammenden Bild. In der Folge, als ein nächster Schritt, tritt ein besonderer Zustand ein. Es entsteht in der Seele eine Leere. Es ist dies eine Leere, die man leicht übersieht. Wenn man aber in sie hineinlauscht, wird man einen Nachklang des ursprünglichen Erlebnisses wahrnehmen können. In einem dritten Schritt steigt aus der Seele ähnlich wie eine Erinnerung ein Nachbild auf. Dieses Bild kann ganz unterschiedlicher Natur sein. Es kann sich durch einen Klang, einen Farbeindruck, eine bestimmte Dynamik oder auch in einer anderen Form ausdrücken. Man wird mit der Zeit die Form kennenlernen, die es in einem selbst annimmt. Für den, der auf dieses Nachbild der Seele aufmerksam wird, besteht aber kein Zweifel, dass es sich auf das Wesen bezieht, das man ursprünglich wahrgenommen hat. Das Nachbild kann nur dann wahrgenommen werden, wenn man den Willen, es hervorzubringen, fahren lässt. Das Auslöschen der Sinneseindrücke ist ein willentlicher Akt. Das Nachbild verträgt sich nicht mit einem zielgerichteten Willen, es steigt aus einer verborgenen Schicht der Seele ins Bewusstsein.

Die Nachbilder enthalten wesentliche Einsichten und Erkenntnisse. Man muss nur lernen, verstärkt auf sie zu achten. Es wird zuerst gar nicht leicht fallen, sie festzuhalten, denn sie sind flüchtig. Mit der Zeit wird man aber Sicherheit im Umgang mit ihnen erlangen. Man kann sich darin üben, die Nachbilder zu verstärken. Übung ist nötig, denn die innere Bewegung, die der Seele abverlangt wird, ist ungewöhnlich. Man muss lernen, von außen nach innen auf die Seele zu schauen. Eine wichtige Voraussetzung für die Verstärkung des Nachbildes ist, dass man ohne eine Beimischung von eigenen Vorstellungen und Erwartungen vorgeht. Man muss sich dazu anhalten, die Bilder, die aus der Seele aufsteigen, ruhig und nüchtern zu beobachten. Man kann sich von dem überraschen lassen, was aus der Sphäre der Erinnerung das Bewusstsein erreicht.

Es ist vorerst überhaupt noch nicht nötig, das verstehen zu wollen, was durch das Nachbild erscheint und sich mitteilen will. In den meisten Fällen wird das gar nicht sofort möglich sein. Die Erfahrungen, die aus dem Nachbild entstehen, sind nicht Erklärungen, es sind seelische Eindrücke, Empfindungen, die erst noch gedeutet werden müssen. Sie sollten einfach empfangen und gesammelt werden. Sie zu verstehen, ist ein Schritt, der noch folgt. Es ist ratsam, den Übergang zwischen dem Empfangen der Nachbilder und dem Nachdenken darüber, dem Verstehen derselben, bewusst zu vollziehen. Dadurch entgeht man der Gefahr, das unbeachtet zu lassen, was die Seele aus sich heraus weiß. Die Seele ist weisheitsvoller als man meint. Sie trägt ein geheimes Wissen in sich, mit dem aber behutsam umgegangen werden muss. Das Denken hat sich diesem Wissen gegenüber genauso zu verhalten, wie die Sinne zur physischen Welt.

Es ist sinnvoll, dass man sich damit Zeit lässt, zu deuten, was sich durch die Nachbilder offenbaren will. Es mag sein, dass man sich zu dem erziehen muss, das Unerklärliche vorerst nicht anzutasten. Die Nachbilder verlangen aus sich heraus nicht nach Erklärungen. Man kann sie getrost in dem Zustand belassen, in dem sie sind, auch wenn man sie kaum oder gar nicht versteht. Man kann sich angewöhnen, die Zeit für sich arbeiten zu lassen, wenn es um ein Verstehen dessen geht, was sich durch das Nachbild offenbaren möchte. Das Vertrauen in den Gang der Ereignisse ist wichtig, wenn es um geistige Erkenntnisse geht. Geistige Erkenntnisse brauchen Zeit, brauchen Entwicklung und die passende Gelegenheit. Sie sind nicht reproduzierbar. Sie sind es sowenig, wie Liebe reproduzierbar ist. Geistige Erkenntnisse unterliegen nur begrenzt dem eigenen Willen. Sie sind an die anwesenden Menschen, an die Situation und das augenblickliche Umfeld gebunden. Geisterkenntnis bedeutet ja immer, dass man bestimmten geistigen Wesen begegnet. Diese sind es, die erlauben, dass dem Menschen bestimmte Einsichten deutlich werden. Es ist durchaus möglich, die Tore der Erkenntnis durch einen starken Willen zu öffnen. Es wird aber für den, der es tut, über kurz oder lang schwächende Wirkungen haben. Erkennen heißt immer, sich Zeit lassen und auf den rechten Augenblick warten. Das hat nichts mit Passivität zu tun. Es ist ein aktives, waches Warten gemeint. Dadurch schützt man sich davor, ein falsches, ein zu rasches Tempo einzuschlagen. Man kann sich und seinen Lebensumkreis überfordern, wenn man durch den starken Wunsch, Erkenntnisse zu sammeln, zu rasch fortschreitet. Man beachtet dann nicht, dass jede Erkenntnis ihre Zeit und Gelegenheit hat.

Zeichen

Jede Wahrnehmung eines Dings, eines Wesens, einer Situation wird zu einem inneren Bild, das der Mensch in die Stille seiner Seele aufnimmt und das fortan als Teil seiner Seele mit ihm mitgeht. Es lebt weiter in seinem Gedächtnis. Es schläft in ihm und hat seine Wirkung auch dann, wenn er sich nicht mehr an das Bild erinnern sollte. Man kann fühlen, dass das, was man wahrnimmt, tief in die Seele hineinwirkt. Die Wahrnehmungen haben eine Tiefenwirkung auf die Seele. Man kann erahnen, dass diese Wirkung bis in das Schicksal des einzelnen Menschen hinein reicht. Alles, was ein Mensch wahrnimmt, bildet an seinem Wesen.

Es gibt nun bestimmte Ereignisse, von denen sich die Seele tiefer berührt fühlt als von anderen. Sie sprechen auffallend deutlich zum Menschen, so, als wollte sich ihm etwas offenbaren. Diese besonderen Ereignisse können Natureindrücke sein oder Menschenbegegnungen, aber auch ganz alltägliche Ereignisse. Sie können als Zeichen empfunden werden, die sich im eigenen Umfeld ereignen. Man kann nun wach werden für diese besonderen Ereignisse. Man kann sich darin schulen, in dem, was geschieht, Zeichen zu erkennen, die für das eigene Schicksal, für die eigenen Entscheidungen Gültigkeit haben. In den Klängen, den Geräuschen, in den Stimmen und den Inhalten der Worte, die man hört, in den Geschehnissen, die sich zutragen, kann man zu lesen beginnen. Die äußeren Ereignisse wollen als eine Zeichenschrift des Schicksals, einem etwas sagen.

Die Zeichen müssen nun aber nicht gleich, nachdem sie erkannt sind, auch restlos ausgedeutet werden. Die Deutung der Bilder ist eine andere Sache, als auf sie aufmerksam zu werden. Deutung ist eine andere Seelenarbeit. Für sie darf man sich Zeit lassen, muss es sogar in vielen Fällen, da sie häufig gar nicht leicht zu bewerkstelligen ist. Es darf nicht passieren, dass man sich mit dem Deuten überfordert. Man darf sich auch nicht durch den Wunsch nach einer Deutung darin hindern lassen, den Bildern in einer offenen Art zugewandt zu bleiben. Das Deuten ist ein ganz eigenes Lesen. Man kann es sich so vorstellen, dass man die Deutung dieser Zeichen und Bilder des Lebens in den Nachtbereich der Seele hineinnimmt. Es ist die schlafende Seele, die in den Bilder lesen kann. Sie ist so weisheitsvoll, dass sie die Fähigkeit hat, zu deuten. Die erwachende Seele nimmt nur wahr, was sich der schlafenden gezeigt hat.

Diese Zeichen haben eine Quelle: die Tätigkeit der Wesen der elementaren Welt. Ihre Tätigkeit hat zur Folge, dass sich Zeichen ereignen, dass sie vor unseren Augen erscheinen und wir dadurch auf sie aufmerksam werden. Wir schauen in das Dasein und Tätigsein der Elementarwesen, wenn wir in den Zeichen des Lebens zu lesen beginnen. Wir werden wach für die Art, wie sie mit uns zusammenarbeiten. Durch die Bilder, die das Leben schreibt, zeigen sie, dass sie da sind und uns etwas zu sagen haben, nämlich dass sie mit uns zusammenarbeiten wollen, dass sie unsere Lebensschritte begleiten und dass wir von der geistigen Welt nicht alleine gelassen sind, sondern geführt und unterstützt werden. Die Wesen der elementaren Welt sind in diesem Sinn Boten eines höheren Lebens der Erde und auch unseres höheren Lebens.

Schauen

Durch die Art seines Schauens übt der Mensch eine Wirkung auf die Erde und ihre unsichtbaren Wesen aus. Es ist Nahrung für die Elementarwesen, wenn der Mensch andachtsvoll und aufmerksam schaut. Sie fühlen sich konkret gestärkt, wenn ein Mensch das, was sie hervorgebracht haben, liebevoll betrachtet. Er betrachtet die Einzelheiten, die zum Beispiel an einer Pflanze zu beobachten sind, und beginnt sich einzufühlen in die Formen, die Farben, die Gebärde und die Gestalt. Wenn er mit dem, was er sieht, in seiner Seele zu spielen beginnt, nährt er die Wesen der elementaren Welt. Das Geschaute wird in ihm lebendig, er ruft es in seiner Seele zu einem neuen Leben auf. Das Geschaute wächst in der Seele des Menschen weiter. Es bekommt ein eigenes, ein zweites Leben. Gerade für die Elementarwesen hat das eine große Bedeutung. Sie sind mit dem, was der Mensch wahrnehmen kann, tief verbunden. Sie sind in die Sinneswelt der Erde hineinverzaubert. Man kann auch sagen, sie sind dort hineingebannt. Dadurch, dass der Mensch das Weiterleben der Sinneswahrnehmungen in seiner Seele beobachtet, stellt er den Wesen der elementaren Welt etwas Wesentliches zur Verfügung. Er stellt ihnen seine eigene seelische Substanz zur Verfügung. Durch die liebevolle Betrachtung wird ihnen eine tiefe Berührung mit dem Menschen zuteil. Sie kommen in Berührung mit den Herzkräften des Menschen. Man kann sogar noch weiter gehen und sagen, dass bestimmte reife Elementarwesen durch die liebevolle Betrachtung des Menschen bis in dessen Herz schauen können. Das bedeutet für die Elementarwesen, dass sie das Herz eines Menschen wirklich betreten. Sie berühren den Herzinnenraum eines Menschen. Es nährt sie, wenn sie in den Herzkräften der Menschen stehen können. Das ist für sie ein sehr kostbares Brot. Von keinem Engel bekommen sie dieses Brot gereicht. Diese schenken ihnen ihr Leben, ihre Art, ihre Kräfte. Was aber der Mensch ihnen geben kann, hat eine ganz andere Qualität. Er kann das Leben, das sie führen, deshalb erweitern und bereichern, weil er wie sie auf der Erde lebt. Er kennt die Erde dadurch, dass er einen Erdenkörper hat. Sich mit den Lebensbedingungen der Erde auseinanderzusetzen, gehört zu seinen alltäglichen Aufgaben. Dadurch bilden sich in ihm Kräfte, die für die Elementarwesen eine Art Medizin darstellen. Er kann sie ihnen durch die Art seines Schauens und Betrachtens verabreichen. In diesem Sinn wirkt der Mensch auf die Elementarwesen wie ein Arzt. Er kann so den Schmerz mildern, der für sie dadurch entsteht, dass sich das Leben der Erde so stark und in vielerlei Hinsicht ungünstig verändert hat.

Erst wenn man dem Wesen, das man erkennen möchte, zubilligt, Lehrer zu sein, wird es seine ganze Potenz entfalten können. Wenn der Betrachtende das Wesen, dem seine Aufmerksamkeit gilt, als eine Quelle annimmt, aus der er schöpfen soll, kommt es zu einer Begegnung, die nun auch für das angeschaute Wesen Linderung und Heilung bedeuten kann. Es strömt nämlich ein höheres Leben in die Begegnung, das nicht vom Betrachtenden stammt, das aber veranlasst wird durch die Aufmerksamkeit und die Achtsamkeit, die er pflegt.

Es gibt nichts, das keinen Klang hätte, das nicht auch auf geistige Art klingen würde. Jedes lebendige Holz hat seinen eigenen Klang. Jeder Baum klingt. Und durch diesen Klang spricht er, sprechen die Geister und Geisterchen, die mit dem Baum verbunden sind und in ihm leben. Jedes Pflänzchen, jede Blüte klingt. Jedes Wasser klingt, jeder Bach, jeder Fluss. Tautropfen klingen, denn sie sind von einem Wesen bewohnt, das besonderer Natur ist, da in ihm auf zauberhafte Weise die vier Elemente vereint sind. Auch jedes Tier hat einen eigenen Klang. Und so ist es mit jedem Ding und Wesen. Zu jedem Stein gehört ein Klang, denn es gibt keinen Stein, der nicht auch von einem geistigen Wesen bewohnt ist, das eine Geschichte, eine Herkunft hat. Es ist der Weg, den jeder Stein schon zurückgelegt hat auf der Erde, den man klingen hört, und es sind die Elementarwesen, die den Stein bewohnen, deren Klänge man aufnehmen kann.

Nur deshalb kann der Mensch die geistigen Klänge der Dinge vernehmen, weil seine Seele immer auch ein mitklingendes Wesen ist. Sie klingt immer mit, nur ist dieser Klang für das Bewusstsein des Menschen nicht immer hörbar. Er muss häufig zuerst die Kraft ausbilden, sich so weit über sich selbst zu erheben, dass er sich mit seinem Bewusstsein in dem Klangstrom halten kann, in dem die Seele sowieso immer steht und mitschwingt und mittanzt. Die Seele des Menschen ist ein sehr offenes und sensibles Wesen, das dazu neigt, alles nachzuahmen und mitzumachen, was sich im Kreis der Wahrnehmung ereignet. Und es sind nicht nur die sinnlichen Wahrnehmungen, die Einfluss haben auf die Seele, es sind immer auch übersinnliche Wahrnehmungen, die sich tief in die Seele einschreiben und sie beeinflussen. Das Mitklingen der Seele mit allem, was sich um sie herum in den verschiedenen Wirklichkeitssphären ereignet, muss verstanden werden, wenn man die Seele und ihr Wesen verstehen will. Jede Seele reicht hinauf bis in das Reich der Engel und klingt deshalb auch mit dem, was sie von diesen hohen Wesen empfängt. Es sind zum Beispiel die Engelwesen der Völker, die sich tief in die Seelen einschreiben. Jede Seele hat einen Abdruck ihres Volkes dadurch in sich, dass der Engel des Volkes in ihr klingt. Aber auch die Wesen der Erdentiefen leben in den Seelen der Menschen fort, indem sie einen bestimmten Klang in die Seelen schicken. Dasselbe gilt für die Wesen der Landschaft und für die Elementarwesen des Lebensumkreises des Menschen. Es ist eine schöne Arbeit, sich auf die Suche der klingenden Spuren zu machen, die die sichtbaren und unsichtbaren Wesen der Erde in der Seele des Menschen legen. Man kann es sich zur Aufgabe machen, die Klänge der Wesen der Erde in der eigenen Seele zu finden. Man kann sich einleben in den Zusammenhang, der zwischen der eigenen Seele und den Wesen der Erde besteht, indem man auf die Klänge achtet, die in der Seele widerhallen.

Neben den Klängen dringt jeden Augenblick auch ein Sprachstrom von den Dingen und Wesen zur Seele des Menschen. Nicht nur ein Klingendes umgibt ihn, sondern immer auch ein Sprechendes. Diese Sprache ist allerdings nur hörbar für geistige Ohren. Die sinnlichen Ohren können aber soweit verfeinert werden, dass sie die Fähigkeit erlangen, die geistige Sprache aus den sinnlich wahrnehmbaren Klängen und Geräuschen herauszuhören. Es gibt kein sinnliches Ereignis, dem nicht auch ein geistig wahrzunehmender Sprachstrom beigemischt wäre.

Jedes Wesen spricht zum Menschen. Es spricht auf seine Art. Der Mensch kann nun seinen inneren Sinn so entwickeln, dass er lernt in diesem Sprachstrom drinnen zu stehen. Er kann lernen, ihn auszuhalten und sich ihm zu stellen. Es braucht dazu die Kraft der inneren Standfestigkeit. Die Seele muss fest bleiben können, sie muss sich selbst davor bewahren können, sich aufzulösen, damit die Sprache des Geistigen überhaupt zu ertragen ist. Sie muss fest in sich und auf der Erde stehen können. Tatsächlich muss die Seele Erdenfestigkeit erlangen, wenn sie den Sprachstrom der Erde ertragen und hören möchte. Sie muss schon an der Erde wirklich gearbeitet haben, sich also an der Erde und in den Erdenbedingungen bewährt haben, damit sie die Kraft hat, fest zu stehen. Das lernt sie am besten, wenn sie sich den Erfordernissen des täglichen Lebens unerschrocken und freudig stellt. Es braucht schon Mut, der mit der Freude des Herzens gepaart ist, wenn man sich die Festigkeit erwerben will, von der hier die Rede ist. Man muss die Neigung, vor den Lebenstatsachen zu fliehen, bekämpfen, wenn man hörend werden will für die geistigen Sprachen der Erde.

VIII Pflege der Erde

Das Wesen der Landschaft

Um einen Eindruck vom Wesen einer bestimmten Landschaft zu erhalten, ist es in einem ersten Schritt sinnvoll, sich Klarheit darüber zu verschaffen, wie tief man ein Wesen bereits dadurch kennenlernen kann, dass man es so genau, wie es nur möglich ist, mit den Sinnen wahrnimmt. Die Sinneswahrnehmungen sind bereits sehr gut dazu geeignet, ein Bild der inneren Beschaffenheit des Wesens einer Landschaft zu vermitteln. Das Wesentliche zeigt sich häufig schon den Sinnen. Man kann davon ausgehen, dass das Äußere auch ein Bild der seelischen, der geistigen, also der inneren Beschaffenheit eines Ortes, einer Landschaft vermittelt. Die äußeren Formen führen den genauen Beobachter bereits auf die Spur der inneren Geheimnisse. Es besteht kein Anlass, das, was die Sinne offenbaren, geringzuschätzen. Es ist die erste Stufe. Das Sinnliche verschleiert das Geheimnis des Wesen, dem man gegenübersteht, viel weniger, als man vielleicht meint. Die Sinnessphäre ist der äußere Mantel oder das Kleid, in dem das Wesen sich verbirgt, gleichzeitig aber auch offenbart.

Die Begegnung des Menschen mit der Landschaft findet durch die Sinne statt. Weil die Landschaft von geistigen Wesen hervorgebracht wird, begegnet er diesen Wesen ebenfalls, wenn er seine Sinne auf die Landschaft oder den Ort richtet. Eine Landschaft ist ja immer ein Zusammenklang vieler sehr verschiedener geistiger Wesen. Man betritt, wenn man eine Landschaft betritt, ein Reich, das schon da ist und das bewohnt wird. Es hat bereits eine Geschichte. Jede Landschaft, jeder Ort hat seine Geschichte. Und jede Landschaft und jeder Ort ist der Wohnort vieler vielfältiger geistiger Wesen. Einen Ort zu besuchen ist durchaus ein intimes Geschehen. Auch wenn man die Elementarwesen nicht wahrnimmt, die dort leben, ist es doch wesentlich, dass man mit ihnen rechnet. Denn sie sind es, die sich durch innere Bilder, Intuitionen, Worte oder Klänge in der

Seele bemerkbar machen und dazu führen können, den Ort und sein Geheimnis zu verstehen.

Es ist also wesentlich, sich Gedanken darüber zu machen, wie man einen Ort besuchen soll. Man geht, wenn man über die Erde geht, immer an Orten vorbei, die von geistigen Wesen bewohnt werden. Diese machen das Geheimnis und das tiefere Wesen eines Ortes aus. An sie richtet man sich mit dem Wunsch, die Landschaft erkennen und verstehen zu wollen. Es ist deshalb wichtig, dass man Zeit und Ruhe, dass man Muße mitbringt. Man muss sich Zeit lassen. Man muss seine eigenen Lebensrhythmen zurückstellen und lauschen können auf die Rhythmen, die in der Landschaft selber liegen. Es ist schon so, dass es günstig ist, wenn man mit der Zeit die Sicherheit gewinnt, sich von der Landschaft selber führen zu lassen. Man kann das Vertrauen entwickeln, dass durch die Landschaft und ihre Wesenheiten der Weg mitgeteilt wird, den man gehen soll, um den Zugang zu ihren Geheimnissen zu finden. Zu den bestimmten Orten, die das tiefere Wesen einer Landschaft in sich tragen, kann man sich nur führen lassen. Es gibt eigentlich keinen anderen Weg, um zu ihnen zu gelangen. Diese Orte entdecken den Menschen, der nach ihnen sucht, nicht umgekehrt.

Hingabe und Vertrauen sind die Schlüssel, mit denen man einen Weg zu diesen Geheimnissen finden kann. Man muss gar nicht glauben, dass man nur durch die Gabe der übersinnlichen Wahrnehmung diesem Geheimnis näher kommt. Die lebendige Sinneserfahrung und die Fähigkeit, sich auf das einzulassen, was in der Landschaft selber ist und wie sie zur Seele spricht, können dem Betrachtenden bereits viel von ihrem Wesen eröffnen.

Im Grunde ist es das Medium der urteilsfreien Wahrnehmung, durch das sich die geistigen Wesen einer Landschaft der Seele eines Menschen mitteilen, sich ausdrücken und aussprechen können. Der Mensch muss ihnen durch seine Seelenhaltung die Möglichkeit bieten zu sprechen. Zurückhaltung ist deshalb ein

Gebot für den, der erkennen möchte. Der Erkennende darf getrost vergessen, was er bisher erfahren und gelernt hat. Er darf das zurückstellen, was er weiß. Was er aber nicht zurückstellen darf, ist sich selbst. Denn er kommt immer als der Mensch, der er nun gerade ist, der er geworden ist. Als ein solcher kommt er in Kontakt mit den geistigen Wesen einer Landschaft. Und er tut es, ob er es will oder nicht und ob er es wahrnimmt oder nicht. Er wird vornehmlich von den Elementarwesen eines Ortes als Persönlichkeit wahrgenommen. Ihm, der Individualität, die er ist, begegnen die den Ort hütenden Wesen der elementaren Welt. Die Elementarwesen sagen, dass der Mensch so erst für sie sichtbar wird. Es ist ihr Wunsch, dass sie ihn sehen können, denn sie machen häufig die umgekehrte Erfahrung, dass sein innerstes Wesen durch eine bestimmte Seelenhaltung vor ihnen verborgen bleibt. Dadurch dass sie ihn sehen, werden sie erst in die Lage versetzten, ihm die Sprache und die Klänge einer Landschaft mitzuteilen. Es ist die innere Haltung des Menschen, die ihnen die Möglichkeit schenkt, ihre Anliegen mit der Menschenwelt zu teilen.

Man kann nun die Erfahrung machen, dass man der Eigenart und dem Wesen einer Stadt oder einer Landschaft auch in den Menschen begegnet, die dort leben. An den Gesten, der Wesensart, die man an ihnen beobachten kann, offenbart sich bereits viel. Durch ihre Gesten, die Art, wie sie sich bewegen, wie sie miteinander kommunizieren, kann man viel von der Geistigkeit eines Ortes, eines Landes erleben. Das Wesen eine Landschaft offenbart sich durch die Art, wie sich die Menschen im Leiblichen, also durch ihre Körperlichkeit, zeigen. Man kann das so erleben, dass dieses Wesen wie durch die Menschen hindurchleuchtet und sich in ihnen manifestiert und offenbart. Freilich wird man finden, dass das nicht für jeden Menschen in der gleichen Weise gilt. Ebenso wird nicht ein Mensch das gesamte Wesen eines Ortes oder einer Landschaft offenbaren, bestenfalls bestimmte Aspekte. Man wird also einer Reihe von

Menschen begegnen müssen. Dennoch liegt hier ein wesentlicher Schlüssel, um einen tieferen Zugang zum Wesen einer Landschaft zu bekommen. In den Menschen lebt sich dieses Wesen in einer besonderen Weise dar. Es erscheint im Menschen. Er ist immer Teil der Landschaft.

Dadurch, dass man auf die seelischen Nachbilder achtet, die, angeregt durch die Beobachtungen der Menschen in der Seele, aufsteigen, kann man einen Zugang zu den Wesen einer Landschaft gewinnen. Die Methode, sich der Nachbilder zu versichern, die die Seele als Antwort auf die sinnlichen Eindrücke hervorbringt, ist auch hier sehr sinnvoll. Die Menschen, denen man begegnet, hinterlassen Spuren in der eigenen Seele, die dazu dienen können, dem geistigen Wesen einer bestimmten Landschaft näher zu kommen.

Man kann sodann auf die Natur, also die Landschaft selber, schauen, auf die Bäume, die Pflanzen, auf die Formen, durch die sich die Landschaft zeigt, auf die Beschaffenheit der Luft und ihrer Strömungen, auf das fließende Wasser, die Beschaffenheit der Erde und die Tiere. Alles, was man so bemerkt, kann zu einem großen Gemälde zusammenfließen. Man kann die einzelnen Beobachtungen zu einer Ganzheit zusammenfügen. Dieses innerliche Gemälde kann man nun zu zeichnen versuchen, indem man intuitiv vorgeht. Man zeichnet kein realistisches Bild der Eindrücke, die man aufgenommen und gesammelt hat, sondern man zeichnet so etwas wie eine Seelenbild dieser gesammelten Eindrücke. Man zeichnet das Bild, das entsteht, wenn man die Eindrücke, die man aufgenommen hat, ihrer sinnlichen Form entkleidet und sie rein seelisch wirksam werden lässt. Man erhält so ein Seelenbild der Landschaft, das durch die einzelnen Wesen und Wesenheiten, die man beobachten konnte, vermittelt wurde.

Nun ist es sehr interessant, die Arbeit an den Nachbildern, die aus der Beobachtung der Gesten der Menschen entstanden, mit dem Seelenbild aus der Beobachtung der Landschaft zu vergleichen. Man schaut nämlich zweimal, aus zwei verschiedenen Richtungen, auf die gleiche geistige Tatsache. Das eine Mal schaut man durch die Menschen, das andere Mal durch die Wesen der Natur auf den Geist eines Ortes, eines Stücks Erde, eines Landes. Das eine Mal tritt man durch die Menschen, das andere Mal durch die Erde und ihre Wesen in Kontakt mit dem geistigen Wesen eines Ortes oder eines ganzen Landes.

Die dritte Möglichkeit, diesen Kontakt herzustellen, besteht darin, dass man die Geschichte des Ortes oder des Landes genau und vor allem so studiert, dass man seelisch in dem liest, was von den vergangenen Zeiten zu erfahren ist.

Wenn man wünscht, mit den Wesen der elementaren Welt zusammenzuarbeiten, ist es wichtig, sich die Frage zu stellen, wie das Erkennen eine Quelle der Bereicherung werden kann. Im Allgemeinen sind wir so geschult, dass wir voraussetzen, Erkennen sei nur möglich, wenn man eine gewisse Distanz zum Objekt einnimmt. Das ist in einem bestimmten Maß auch richtig. Man kann sich aber vornehmen, sich von dem Wesen, das man erkennen möchte, leiten zu lassen. Man kann ihm die Frage stellen: Wie möchtest du dich zeigen? Oder: Wie soll ich mich dir gegenüber verhalten? Oder: Welche innere Haltung meinerseits ist für dich angenehm? Ich bin der Überzeugung, dass jedes Wesen eine ganz bestimmte Art und Weise hat, auf die es erkannt werden möchte. Das gilt für jedes Tier, jede Pflanze, jedes Mineral. Man kann einen Weg des Erkennens wählen, durch den man es für die eigenen Wünsche, Ideen und Bedürfnisse missbraucht. Man erkennt dann nur, was man voraussetzt. Das geschieht leider in vielen Fällen. Man kann aber auch einen Weg wählen, den man sich von dem Wesen selbst zeigen lässt. Dadurch schließt man aus, dass man dem Wesen Leid zufügt. Diese aufgeworfenen Fragen sind von großer Bedeutung für das Wohl der Erde und ihrer Wesen. Es ist eine Voraussetzung für das Wohlergehen der Elementarwesen, deren Werk die Landschaften der Erde sind, dass wir bemerken, dass sie bestimmte Bedingungen an den Menschen stellen, der mit ihnen in Kontakt treten will. Eine der ersten und wichtigsten ist, dass man lernt, sich die Wege, die zu ihnen führen, von ihnen zeigen zu lassen. Das tut man immer dann, wenn man sich einem Naturwesen, einem Baum, einem Tier, einem Fluss, aber auch einer bestimmten Stelle in der Landschaft, einem Dorf oder einer Stadt mit der Voraussetzung nähert, dass man den Weg, der zur Erkenntnis des entsprechenden Wesens führt, noch gar nicht kennen kann, aber gezeigt bekommen möchte.

Einen Satz habe ich immer wieder von hohen Wesen der elementaren Welt gehört: Die Verwandlung der Erde geht durch den Menschen. Das ist ein wichtiger Satz, denn er zeigt, welche Hoffnung die Erde und ihre Wesen in den Menschen setzen. Es ist wichtig, sich diese Hoffnung immer zu vergegenwärtigen. Dadurch kommt man dazu, auf die Aufgaben zu blicken, die der Mensch der Erde und den Wesen der elementaren Welt gegenüber hat. Für den Menschen, der sich bewusst ist, dass er eine Verantwortung für die Erde hat, ist es wichtig, sich mit der Bedeutung dieses Satzes bekannt zu machen. Man darf die Aufmerksamkeit, über die man verfügt, die Wahrhaftigkeit der Gedanken und die Wünsche nach der Begegnungen mit den Wesen der Erde zulassen. Das zu tun ist eine Voraussetzung dafür, dass Verwandlung stattfinden kann. Verwandlung ist kein unpersönliches Geschehen. Es ist ein notwendigerweise sehr persönliches Geschehen. Der Mensch kann sich als der, der er ist, nicht heraushalten. Verwandlung ist ein persönlicher Akt, ein Akt der Individualität. Sie geht durch jeden einzelnen hindurch.

Der Mensch, der sich aufgerufen fühlt, die Erde zu pflegen oder zu heilen, muss sich immer wieder der Arbeit unterziehen, sich als den, der er ist, anzunehmen. Heilung hat mit dieser Bejahung zu tun. Der Wunsch nach Heilung ist immer auch mit dem Weg der Selbstheilung verbunden. Man muss in sich das Bedürfnis bekämpfen, ein anderer sein zu wollen als der, der man ist. Durch diese innere Arbeit sollte man sich von den Illusionen lösen, die man sich selbst gegenüber hegt und pflegt. Die Illusionen und falschen Hoffnungen, aber auch die falschen Bilder, die man von sich selbst hat, entstammen oft der Geringschätzung des eigenen Wesens. Selbstannahme ist aber der Urgrund der Liebe zur Welt.

In jedem Menschen lebt der Wunsch, mit sich zufrieden zu sein, also das anzuerkennen, was man kann und schon getan hat und auch noch können wird. Diesen Wunsch zu verwirklichen, ist für den Seelenfrieden existenziell. Wirkliche Selbstachtung und Selbstwertschätzung sind aber häufig nur keimhaft vorhanden. Man hat jedoch keine andere Möglichkeit, als der zu sein, der man ist. Man hat nur sich selbst. Das heißt nicht, dass man nicht innere Arbeit leisten müsse. Sie wird aber keine Früchte tragen, wenn man sich nicht angenommen hat.

Das Annehmen des Lebens, des eigenen Schicksals und der eigenen Person, ist eine starke und zukünftige Kraft. Sie ist eine Grundvoraussetzung, um die Kräfte zu entwickeln, durch die sich Heilung ergeben kann. Was der Heilung bedarf, hat das Vertrauen in die eigenen Heilungskräfte verloren. Die Bedürftigkeit vieler leidender Elementarwesen besteht darin, dass sie sich aufgegeben haben. Sie haben die Hoffnung auf Wandlung verloren. Es ist das ein tragischer und trauriger Zustand, dem man nur begegnen kann, wenn man selbst immer wieder die Keime der Zukunft in sich aufzurufen in der Lage ist.

Man kann davon ausgehen, dass jeder Ort einen tieferen Sinn hat. Es gibt die verborgenen Seiten eines Ortes, einer Landschaft. Die Wesen der elementaren Welt sind Hüter dieses Sinnes. Sie gehorchen immer auch einem höheren Sinn. Sie verbinden mit dem Ort, an dem sie sich befinden, bestimmte höhere Aufgaben. Ihr Dasein hat einen höheren Sinn, der nicht nur an dem haftet, was als die sichtbare Erscheinung hervortritt. Sie sind immer auch dem verpflichtet, was man als den Genius eines Ortes, seinen geistigen Gehalt und Auftrag bezeichnen kann. Entwickelt man eine Ahnung oder Gewissheit in Bezug auf den Genius eines Ortes, einer Landschaft, geht man einen wichtigen Schritt auf die Wesen der elementaren Welt zu. Man nähert sich ihrem Geheimnis. Dadurch tritt man in die Stufe des Verstehens ein. Dieses Verstehen ist der Schlüssel für die Pflege und Heilung der Landschaft. Zugegeben, das ist keine leichte Sache. Es bedarf der Übung, Ausdauer und Fantasie, diesen Weg des Verstehens zu gehen. Es wird nötig sein, bis in die Sphäre des Denkens, bis in die Begriffe hinein, verstehen zu wollen, in welchem «höheren

Sinn» die Wesen der elementaren Welt an einem bestimmten Ort ihr Dasein führen. Diese Sinnsphäre eines Ortes ist den Wesen der elementaren Welt eingeschrieben. Sie stellt die höhere Bedeutung dar, in die ihr Dasein gestellt ist.

Um sich diese Sphäre mit dem Bewusstsein zu erschließen, sind neue Begriffe und Ideen nötig. Man hat sich gedanklich mit einem Bereich auseinanderzusetzen, der das übliche Denken übersteigt. Als Mensch steht man in einer anderen Art der Erde gegenüber als die Wesen der elementaren Welt. Folglich ist der höhere Sinn, dem die Elementarwesen angehören, ein anderer als der, der für die Menschen gilt. Diese hier beschriebene gedankliche Arbeit ist für den Heilungsprozess sehr entscheidend. Dadurch tritt man in einen tieferen Zusammenhang mit den Wesen, denen man Pflege und Heilung angedeihen lassen möchte. Es entsteht eine tiefe Begegnung und Berührung mit den Wesen, die an dem Ort oder in der Landschaft leben. Verstehen ist in einem gewissen Sinn immer schon der Beginn der Heilung. Ich heile, indem ich verstehe, weil sich dadurch eine besondere Sphäre der Aufmerksamkeit bildet. Man kann manchmal die Erfahrung machen, dass es schon ausreicht, dass sich diese Sphäre bildet, damit eine Verbesserung oder gar eine Heilung eintreten kann. Das Verstehen muss allerdings hervorgehen aus einem intensiven Mitfühlen und Miterleben der Situation, in der sich die Wesen eines bestimmten Ortes befinden.

Das Verstehen muss eine Herzensangelegenheit sein. Die zur Heilung erforderlichen Taten folgen aus den Begriffen, denen der Wunsch vorangeht, wahrhaft zu verstehen. Den Begriffen, die dem vertieften Verstehen der Lebenssituation dienen, in der sich die Wesen der elementaren Welt eines bestimmten Ortes befinden, ist eine Leichtigkeit eigen, die wie von selbst Beweglichkeit, Tanz, Anmut und Freude nach sich zieht. Das Gesundende kann eintreten, weil ihm durch ein tiefes Einfühlen und Verstehen bereits das Tor geöffnet wurde. Durch ein Denken, das mitfühlend ist, das miterlebt, lassen sich die Ideen empfangen, durch die man einem Ort die Lasten, die er zu tragen hat, abnehmen kann. Tiefes Verstehen ist das Tor für die Kräfte des Gesundenden und Heilenden.

Von hohen Wesen der elementaren Welt, den Elementarwesenmeistern, kann man immer wieder hören, dass die Erde zum Menschen steht. Sie und ihre geistigen Wesen sind ihm treu. Es gibt die Treue der Erde und ihrer geistigen Wesenheiten zum Menschen, zu seinen Wegen über die Erde und seiner Entwicklung. Sie sind es, die ihm die Möglichkeiten schaffen, sich zu entwickeln. Er wird von ihnen behütet wie ein Gast. Wenn sich der Mensch als Gast der geistigen Wesen fühlt und verhält, die die Erde erschaffen und erhalten, ist das eine gute Voraussetzung, um mit ihnen in eine wirkliche Zusammenarbeit zu kommen. Was er für seine Entwicklung braucht, stellen sie ihm zur Verfügung, selbst sein höchstes Gut, die Freiheit. Der Mensch kann durch die Erde zur Freiheit gelangen. Diese Gabe ist für den Menschen von unermesslichem Wert. Man sollte sich einmal vorstellen, was es für die geistige Welt bedeutet, dass sie dem Menschen durch die Erde die Möglichkeit gibt, zur Freiheit zu gelangen. Indem man sich vor dem inneren Auge dieses Geschehen vergegenwärtigt, wird man gewahr werden, worin die Treue der Erde zum Menschen besteht. Es sind gerade die höheren Elementarwesen, die diesem Auftrag gegenüber verpflichtet sind. Sie werden stets von über ihnen stehenden Wesen unterrichtet, wie sie ihn in Bezug auf den Menschen erfüllen sollen. Denn es ist für sie nicht immer leicht, den Glauben an den Menschen nicht zu verlieren. Die Wesen der elementaren Welt machen sich große Sorgen darüber, wie der Mensch mit der Erde umgeht. Sie erleben, dass er nicht zur Erde steht, sondern sie in vielen Fällen missbraucht und ausnutzt. Die Menschen können die Wesen der elementaren Welt dadurch unterstützen, dass sie beginnen, zur Erde zu stehen. Sie können beginnen, ihre Verantwortung der Erde gegenüber wirklich wahrzunehmen.

Dadurch nehmen sie den Wesen der elementaren Welt vieles ab. Sie treten in eine Arbeit für die Erde ein.

Ich möchte hier die Worte eines hohen Elementarwesens anschließen, die ich vor einigen Jahren bei der Vorbereitung einer Reise durch Frankreich und England erhielt:

> «Geht aus euch selbst, aus der Kraft, die ihr habt als individuelle Menschen. Geht aus der Freiheit, weil ihr gehen wollt, weil ihr erfahren, lernen, erleben wollt und weil ihr euch dazu berufen fühlt, ein Teil der Erde, der Wirklichkeit, der Zeit zu sein. Anteil nehmen heißt, sich verbinden, eins werden, sich hingeben und die Trennungen, die zwischen euch und der Zeit und dem Raum und der Gegenwart entstehen oder entstanden sind, zu überwinden.
>
> Ihr seid Teil der Zeit, und ihr seid Teil des Raumes und könnt lernen, es noch viel mehr zu sein. Erfühlt einmal die Tragekraft des Seins, das durch euch hindurchgeht und euch mit der Erde und dem Sein der Erde und der Wesen und den Menschen und der Kultur und der Geschichte und der Gegenwart verbindet.
>
> Seid deshalb zuerst Wahrnehmende, Staunende, Schauende und Sinnende und Aufnehmende dessen, was sich euch zeigt, was vor euch und mit euch auf eurer Reise, aber auch in der Zeit davor und danach geschieht. Es ist schon eine nicht unwesentliche Leistung, das zu tun und durchzuhalten und zu pflegen und auszutauschen und zu besprechen. Die Verarbeitung der Erfahrungen ist ein ganz wesentlicher Teil der Arbeit auf der Reise. Tauscht euch aus über das, was ihr erfährt, was ihr seht und fühlt und erkennt. Tauscht euch aus über die Schlüsse, die ihr aus dem, was ihr wahrnehmt, zieht. Werdet nicht müde, diese Arbeit immer und immer wieder zu betreiben. Dadurch werdet ihr geschützt und erhaltet den Schutz, den ihr braucht.

Öffnet euch dem Land, der Landschaft, den Menschen und den sichtbaren Zeichen der Kultur. Öffnet euch dem, was die Bäume, das Land, die Erde, die Tiere euch zuraunen, was sie euch mitteilen, was sie euch sagen wollen. Ihre Sprache ist sehr wichtig, denn sie sind wesentliche Zeichen und Boten für das, was ihr für eure Arbeit wissen müsst. Denn ihr müsst doch lernen, wie ihr euch richtig zu bewegen habt. Ihr könnt nämlich, so merkwürdig es klingt, dadurch verwandeln, dass ihr euch in der richtigen Weise bewegt. Übt einmal, was es heißt, euch so zu bewegen, dass ihr dadurch dem euch öffnet, was in der Landschaft, in der Kultur, in der Stadt oder dem Dorf lebt, durch die euch eure Reise trägt. Man kann üben, sich die Gangart anzueignen, die den Menschen einer Landschaft auferlegt ist. Übung ist dazu unerlässlich. Aber es lohnt sich. So erlangt man ein Gespür, das ganz wunderbarer Art ist, denn man wird dadurch Teil der Lebenswelt, die man bereist. Man kann an sich, an dem eigenen Leib, die Lebensqualität der Landschaft erfahren. Man bekommt dadurch sozusagen die Landschaft auf den Leib geschrieben.

Ihr habt dadurch die Möglichkeit der Verwandlung, denn weil ihr ein Teil der Lebenswelten werdet, die ihr bereist, könnt ihr auch Impulse der Verwandlung setzen. Weil ihr euch verbindet, könnt ihr auch der Landschaft Verwandlungsimpulse zurücklassen. Wenn ihr erkennt, werdet auch ihr erkannt und ebenso die Motive der Verwandlung, die euch zu der Arbeit führen. Dadurch, dass ihr erkannt werdet von den geistigen Wesen der Landschaft, können eure Verwandlungsimpulse konkret wirksam werden.

Dieser Zusammenhang ist ein kleines Geheimnis. Die Heilung der Erde hat aber ganz wesentlich mit diesem Geheimnis zu tun. Lernt hinschauen auf diesen Zusammenhang von Anteilnahme und Heilung. Aufmerksamkeit heilt, wenn die Motive, die ihr zugrunde liegen, edel und lauter sind. Das ist ein Zusammenhang, dem wesentliche Heilkraft eigen ist und der ein Grundbaustein ist für die Heilung der Erde durch den Menschen. Es ist wichtig, die Kraft der Aufmerksamkeit erst erkennen und dann gebrauchen zu lernen.

Es ist ganz wesentlich, dass der Mensch sich seiner heilenden Kräfte immer bewusster wird, dass er sie erkennen und gebrauchen lernt. Man muss nur ein wenig Zutrauen entwickeln zu dem, was man ist und was man schon alles kann. Das ist die Gebärde des Stehens, die so wichtig ist und so wesentlich und die immer wichtiger und wesentlicher werden wird. Es ist das Stehen auf dem eigenen Flecken Erde, den man sich schon errungen hat, denn jeder von euch hat die Erde schon verwandelt. Und das, was er verwandelt hat, ist der Flecken Erde, der ihm gehört und auf dem er steht und der immer bei und unter ihm ist als der Teil der Erde, der auch immer zu ihm steht und ihn unterstützt. Und das ist die Unterstützung der Elementarwesen, die immer da sein wird und euch und eure Arbeit trägt und bereichert. Denn was ihr schon alles gemacht und geschaffen habt für die Erde und die Verwandlung der Erde und ihrer Wesen, ist sehr viel. Die Verwandlung führt euch zusammen. Die Verwandlung gibt euch die Kraft, das zu tun, was ihr tut.»

Die Wesen der elementaren Welt sind darauf angewiesen, dass Menschen da sind, die sich aus ihren Herzenskräften für die Erde verantwortlich fühlen. Aus früheren Zeiten sind sie diese Herzensarbeit gewohnt. Die Beziehung der Menschen zur Erde war derart, dass die Elementarwesen und die Menschen in einem intimen Austausch standen. Die Menschen sahen die Elementarwesen oder rechneten mit ihnen und bezogen sie in ihre alltäglichen Handlungen und Arbeiten mit ein. Eine Reihe von Ritualen wurde praktiziert, die diesen Zusammenhang sicherstellten. Nun ist es um diesen Lebensstrom zwischen den Menschen und den Elementarwesen stiller geworden oder er ist gar gänzlich verebbt. Doch bei vielen Elementarwesen ist die Erinnerung an diese ehemalige Verbundenheit mit der Welt der Menschen noch sehr lebendig. Man hört sie auch darüber klagen, dass sie auf diese gewohnte Verbindung verzichten müssen.

Es gibt Orte auf der Erde, an denen herrscht unter den Wesen der elementaren Welt eine unvorstellbare Not. Sie stehen davor, das Heiligste, was sie haben, loslassen zu müssen. Das Heiligste ist für sie der Ort der Erde, für den sie leben und mit dem sie existenziell verbunden sind. Ihn zu hüten, ist die Aufgabe, die sie von den Wesen der höheren Hierarchien aufgetragen bekommen haben. Es gibt Heerscharen von Elementarwesen, die sich in einem zutiefst bedrückten Zustand befinden. Es ist für den, der diese Zustände schauen kann, fast unerträglich, den Blick zu solchen Orten hinzuwenden. Man muss sogar vorsichtig sein, um durch das Schauen nicht selber Schaden zu nehmen. Das Leid der Elementarwesen geht nicht einfach an der Seele des Menschen vorbei. Die Seele ist ein Teil der Erde, und der Mensch erlebt durch sie das Leid der Wesen der elementaren Welt mit.

Die Elementarwesen haben den Wunsch an die Menschen, dass sie nicht an dem Leid, das sie tragen, vorbeischauen. Sie rufen ihnen zu:

«Schaut nicht vorbei an unserem Leid, denn es ist das Leid der Erde, und deshalb ist es immer auch das eure. Sucht einmal bewusst einen Ort auf, an dem ihr das Leid fühlen könnt, das wir tragen. Ihr werdet erschrecken! Ihr werdet es nicht lange aushalten. Ihr werdet, so schnell ihr könnt, den Ort wieder verlassen wollen, denn ihr merkt, wie eure Gesundheit dadurch Schaden nähme, wenn ihr bleiben würdet. Es gibt auf der Erde Orte der Ödnis, die der Mensch hervorgerufen hat, die einst Orte waren des blühenden, starken, lebendigsten Lebens. Der Mensch sät den Tod auf der Erde, obwohl es seine Aufgabe wäre, Leben hervorzubringen und es zu vermehren. Es herrscht unter den Menschen eine Verantwortungslosigkeit, die kaum zu überbieten ist, in Bezug auf die Erde, die seine Lebensgrundlage ist, die Mutter seines eigenen Lebens, und die er nun in einen Zustand versetzt, in dem sie ihre Aufgaben immer weniger erfüllen kann.»

Eine große Anzahl von Elementarwesen ist unbedingt bereit, mit den Menschen, die keine Scheu haben, den realen Lebensbedingungen auf der Erde ins Gesicht zu sehen und sich ihrer Verantwortung für die Erde bewusst sind, zusammenzuarbeiten. Gerne treten sie in eine Zusammenarbeit mit diesen Menschen ein. Sie reichen denen, die sich um die Erde und deren Heilung bemühen, die Hände und warten auf die Aufgaben, die ihnen durch die Menschen gestellt werden. Ich begegne immer wieder Elementarwesen, die fragen, ob ich eine Aufgabe für sie hätte.

Es ist nötig, dass Menschen aufmerksam werden auf den Zustand, in dem sich die Wesen der elementaren Welt befinden. Die Seele des Menschen hat die Anlagen dazu. Es ist möglich, aus der Kraft des Herzens ein Bewusstsein für die Lebensbedingungen der Elementarwesen zu entwickeln. Tatsächlich fordern sie den Menschen auf, das Lauschen aus seiner Herzensmitte zu lernen. Das Herz ist ein Hörorgan, mit dem es möglich ist, einen Eindruck von dem Zustand zu erhalten, in dem sich die

Elementarwesen eines Ortes befinden. Es ist schon ein großer Fortschritt, wenn es Menschen gibt, die sich dazu entschließen, sich dem Hören aus der Mitte ihrer Herzen zu widmen. Es ist gar keine so schwere Sache. Eigentlich sind die Wesen der Erde dafür vorbereitet. Sie warten darauf, dass die Menschen das Hören mit dem Herzen praktizieren. Jeder kann es für sich allein tun, aber auch zusammen mit gleichgesinnten Menschen. Man kann sich treffen und sich dem Herzhören widmen und sich über die Erfahrungen dabei austauschen. Man kann sich einer Landschaft oder einem Dorf oder einer Stadt zuwenden und innerlich ertasten, wie da die Lebensbedingungen der Wesen der elementaren Welt sind. Die Menschen, die diesen Weg gehen, können sich darauf verlassen, dass sie für die Arbeit, die sie tun wollen, Unterstützung von der geistigen Welt bekommen werden. Sie müssen ihre Arbeit nur in dem Bewusstsein der Verantwortung tun, die sie für die gesamte Erde haben.

Ein nächster Schritt besteht darin, zu fragen, was eine Landschaft, ein Ort, eine Stadt, ein Land braucht. Es ist eine Frage, die man an die Elementarwesen richten kann. Sie sind in der Lage, auf ihre Art treffende Antworten zu geben. Man kann sich darauf einstellen, dass die Anregungen, die man empfängt, fantasievoll sein werden. Es wird in vielen Fällen nicht das sein, was man vielleicht erwartet. Es werden vielleicht kleine Handlungen sein, die gewünscht werden. Man soll sich nur nicht über Antworten wundern und beim Hören so voraussetzungslos wie nur möglich sein. Es kann sich wirklich um ganz kleine Dinge handeln, die aber für eine Landschaft und die Wesen der elementaren Welt von großer Bedeutung sind. Es ist für sie schon eine große Hilfe, wenn man die Landschaft einmal mit offenen Sinnen und liebevoller Aufmerksamkeit durchwandert. Das liebevolle Hinschauen kann bereits ein Impuls für die Wesen der elementaren Welt sein, der ihnen hilft, erste Heilungsschritte zu vollziehen. Man unterschätze nur nicht, was der Mensch den

Elementarwesen an Kräften zur Verfügung stellen kann. Gemeinsames Singen kann eine große Hilfe darstellen, Tanzen in der Landschaft, aber auch die Berührung.

Vor allem für belastete Orte, an denen die Elementarwesen wie unter einem dunklen Bann leben, kann es eine erste und ersehnte Erleichterung sein, wenn Menschen kommen, die einen Ort aufräumen und putzen, ihn also wieder schön machen. Dazu nimmt man weg, was nicht an den Ort gehört, befreit ihn von allem Fremden, von Unrat und Abfall, bis man sich selber dort wieder wohl fühlt. Man kann aber auch Dinge mitbringen, um den Ort zu schmücken. Man kann dazu Blüten, Steine, Sand, Samen, Öle verwenden. Man wird selber spüren, was ein Ort braucht. Wenn man nichts zum Mitbringen hat, kann man auch mit den Dingen, die man am Ort vorfindet, eine kleine Stelle schmücken. Man lädt auf diese Weise die Elementarwesen eines Ortes zu einem Mahl ein, denn es ist so, dass sie das, was wir für sie hinlegen, in derselben Art verarbeiten, wie wir eine gute und liebevoll zubereitete Speise verdauen. An manchen Orten kann es notwendig sein, die Elementarwesen mit einem Feuer zu wärmen oder einen Spruch zu sprechen, ein Lied zu singen oder einen Tanz aufzuführen. Auch das Aussprechen eines Segens kann sinnvoll sein. Oder es wird gewünscht, dass man einfach von sich erzählt, wer man ist und wie man hierher gekommen ist. Elementarwesen sind äußerst neugierig und möchten viel von uns erfahren.

Man muss also nicht untätig sein oder sich ohnmächtig fühlen. Indem man die Zusammenarbeit mit den Wesen der elementaren Welt sucht, wird man belehrt, dass es gar keinen Grund gibt, entmutigt und resigniert zu werden, dass es im Gegenteil ganz viele Gründe gibt, tätig, mutig und entschlossen für die Pflege und Heilung der Erde einzutreten.

Es gibt hohe Wesen der elementaren Welt, die dazu bestimmt sind, den heiligen Gral den Menschen, die dazu bereit sind, zu überreichen. Es sind besondere Gelegenheiten und Stunden, einem Wesen dieser Art zu begegnen. Diese Wesen sind Elementarwesenmeister, die schon einen langen Entwicklungsweg hinter sich haben. Sie begleiten die Menschheit, indem sie diese belehren und ihr als Wesen der geistigen Welt zur Seite stehen. Tief sind sie mit dem verbunden, was man den Herzensimpuls nennen kann, den jeder Mensch als sein heiliges Geheimnis, als seinen innersten Auftrag hütet und zu verwirklichen sucht. Diesen Elementarwesenmeistern zu begegnen bedeutet deshalb, dass man sich einem Wesen gegenüber sieht, das einem tiefer ins eigen Herz schauen kann, als man selbst dazu vielleicht schon in der Lage ist. Es ist eine für den Menschen sehr berührende Begegnung, wenn er bewusst ein Elementarwesen bemerkt, das wie ein Lehrer auftreten kann. Dabei muss man wissen, dass diese Wesen gefragt werden wollen. Sie sprechen nicht von selbst, es ist ihnen verboten, das erste Wort an den Menschen zu richten. Sie blicken den Menschen, der sie bemerkt, stumm und unverwandt an. Ihre Gaben dürfen sie nicht leichtfertig weitergeben. Sie prüfen den Menschen, wenn er auf sie aufmerksam wird. Sie können nur geschaut werden, wenn sie dazu von Wesenheiten höherer Art einen Auftrag bekommen haben. Ein Mensch wird sie sonst nicht bemerken können. Wenn sie sich zeigen, spürt man sofort das Besondere dieser Begegnung. Man wird bis in seine Herzenstiefen, bis in seinen geheimen Wesenskern getroffen. Es ist sogleich spürbar, dass man vor einer Prüfung steht. Man muss alle Kräfte zusammennehmen, um geistesgegenwärtig zu bleiben und in diesem Moment keinen Fehler zu machen.

Was die Wesen dem Menschen übergeben wollen, hat mit ihm selber zu tun. Es ist eine individuelle Gabe, die er durch sie erhält. Sie gilt dem eigenen Weg, der eigenen Entwicklung. Sie ist von solcher Art, dass sie anfangs vielleicht gar nicht richtig erkannt wird und es deshalb nicht leicht ist, sie wertzuschätzen. Sie ist leicht, unscheinbar, gerade deshalb aber besonders bedeutungsvoll. Es stellt sich das Gefühl ein, man sei Zeuge eines wichtigen Geschehens, das die eigene Person betrifft, ohne aber abschätzen zu können, worin dieses Geschehen nun wirklich besteht. Erst im Laufe der Zeit, wenn man sich immer wieder mit diesem Geschehen befasst, innerlich darauf zurückblickend, wird man Antworten finden zur wirklichen Bedeutung der Gabe, die man erhalten hat. Im Rückblick offenbart sich ihr Zukunftskeim.

Diese Elementarwesenmeister sind von eine großen Schönheit und Erhabenheit. Sie schauen einem mit klarem, tiefem Blick in die Seele, ohne jedoch zu fordern. Ihr Blick ist kindlich und gleichzeitig wissend. Es besteht die Gefahr, dass man die Gabe, die sie überreichen, wieder verliert. Es ist geradezu charakteristisch für diese Gaben, dass sie dem Menschen, der sie bekommen hat, nicht bleiben, wenn er nicht die Form findet, damit umzugehen. Es ist ein Gesetz der geistigen Welt, dass die Gaben, die sie unter den Menschen verteilt, keine bindende Kraft haben, sondern frei sind in dem Sinn, dass der Mensch sie, wenn er nichts dafür tut, wieder verliert. Dadurch sind sie vor Missbrauch geschützt. Es sind keine Geschenke auf ewig, sondern Möglichkeiten, Gelegenheiten, die sich aber wieder verflüchtigen, wenn der Mensch sich achtlos oder nachlässig verhält. Diese Gaben des Grals sind an die Voraussetzung geknüpft, dass der Mensch bereit ist zu lernen, wie er mit ihnen umgehen soll.

Folgende Worte sprechen diese Meister zum Menschen:

«Du handelst, wenn du handelst, aus deiner Verantwortung. Du bist für das, was du tust, verantwortlich. Nimm dieses Wort nicht leicht. Es liegt eine Welt darinnen, die ihr Menschen erst langsam erahnt. Es liegt darin eure ganze Größe und Aufgabe, die aber der Zukunft mehr angehört als der Gegenwart, die ihr jedoch schon beginnt entgegenzunehmen. Es ist deshalb ein großes Wort, weil es von dem zeugt, wo ihr einst hinkommen werdet. Das Gewicht dessen, was wir euch zu übergeben haben, ist leicht und schwer zugleich. Es ist unendlich leicht, und es ist unendlich schwer. Diese Gabe, die wir euch stellvertretend darbringen, denn wir handeln nur im Auftrag höherer Wesenskreise, hat viele, viele Stufen, die selbst wir nicht alle sehen dürfen. Ihr selbst seid das Maß, das euch die Zahl der Stufen und ihre Schattierungen offenbart. Der ganze Lebensreichtum der Himmel und der Erde liegt im Gral beschlossen. Es ist das Lebenselixier eurer hungernden und dürstenden Seele. Ihr nehmt euch selbst entgegen, wenn ihr dieses Elixier empfängt. Keinem anderen Wesen könnte es übergeben werden. Die geistige Welt bringt es hervor, nicht um es für sich selbst zu behalten und zu hüten und zu pflegen. Das tut sie nur, um die Zeit zu überbrücken, bis die, für die es bestimmt ist, reif dafür sind. Darum gehe behutsam um mit den Gaben der geistigen Welt. Sie sind an allen Orten, wo ihr steht und geht, zu bekommen. Ihr steht in einem Gabenregen, der beständig aus der geistigen Welt auf euch niedergeht. Der Gral ist für euch und ist nicht für euch, ihr seid er selbst. Euch nehmt ihr entgegen, eure Zukunftsgestalt, eure vollkommene Zeitgestalt, den Raum, der eigentlich zu euch gehört, die geistigen, vielgegliederten, vielfarbigen, Räume, die ihr noch durchwandern, durchleben, beleben werden könnt, wenn ihr nicht vergesst, euch als Bürger vieler Welten zu erleben. Ihr sammelt euch selbst mit der Zeit zusammen, denn jeder von euch ist groß in dem Keim, der er ist, und kann noch wachsen und wachsen. Vergesst aber nicht, auch der Erde entgegen zu wachsen, nicht nur dem Himmel, denn sie ist der Grund, auf dem die Himmelsschale, auf dem der Gral steht. Und wenn ihr den Grund nicht würdigt und pflegt und schützt, der des Grales Wesensgrund ist, werdet ihr keinen Anteil an ihm haben können. Er ist vom Himmel zur Erde getragen worden, damit er dort von den Menschen, die dazu bereit sind, aufgefunden wird. Er ist da, als ein Keim in der Seele eines jeden Menschen. Aber nicht nur von denen, die ihn noch suchen, wird er gehütet, auch die Tiere und Pflanzen und Mineralien hüten ihn, und sie hüten ihn für euch Menschen, damit ihr ihn von denen entgegennehmt, die aus der Vollkommenheit des Geistigen nie herausgefallen sind.»

IX Die 24 Sprüche

Herkunft der Sprüche

Im April 2008 wurde ich mit einer Architektin bekannt, die mich wegen eines Bauprojektes anrief, das sie betreute. Auf einem Privatgrundstück sollte ein Freibad gebaut werden. Bei der Planung geriet ein Baum wegen seiner seltsamen Wuchsform ins Blickfeld. Es war eine Esche, die aber nicht wie gewöhnlich in die Höhe strebte, sondern wie eine Weide gewachsen war. Es wurde in Erwägung gezogen, den Baum zu fällen. Die Architektin spürte jedoch ein deutliches Unbehagen und wollte wissen, was mit dem Baum los ist. Deshalb rief sie mich an. Nachdem sie mir die Lage geschildert hatte, erlebte ich sehr rasch die Nähe eines hohen Wesens, das mit dem Baum in Verbindung stand. Ich äußerte die Vermutung, dass sich ein höheres Elementarwesen in oder unter dem Baum aufhalte, und riet deshalb zur Vorsicht. Die Wuchsform könne daher rühren, dass ein hohes Wesen vieles aus dem Umkreis auf sich nehme und der Baum deshalb nicht so wachsen könne, wie es für eine Esche üblich sei. Ich versprach, mich der Sache anzunehmen.

Ich hatte schon mehrmals die Erfahrung gemacht, dass der Kontakt mit Elementarwesen auch über eine große Entfernung möglich ist. In diesem Fall erlebte ich die Gegenwart eines erhabenen Elementarwesens. Es ging eine Strenge von ihm aus, der ich bisher nur selten begegnet war. Ich wusste, dass es sehr wichtig war, wie ich mich verhielt, und dass die Angelegenheit nicht auf die leichte Schulter zu nehmen war.

In den folgenden Tagen kam es immer wieder zu geistigen Begegnungen mit diesem Wesen. Die Vermutung, dass es in dem Baum lebte, erwies sich als richtig. Es war ein Wesen der Erde, das ich immer besser kennenlernte. Ich erfuhr, dass es Weisheitsschätze hütete, die einst den Menschen gedient hatten. Es hatte zu einer alten Mysterienstätte gehört, in der an ausgewählten Menschen Einweihungen vollzogen worden waren. Doch diese Stätte war vor langer Zeit geschlossen worden und existiert nicht mehr. Das war mit vielen solcher Stätten geschehen, an denen Priester in früheren Zeiten geheimes Wissen gepflegt, gehütet und weitergegeben hatten. Die geistigen Wesen aber, die einst diese Stätten bewohnten und in das Geschehen der Einweihung und der Weisheitsoffenbarung einbezogen waren, leben noch. In diesem Fall gaben sie die alte Stätte auf und siedelten sich an einem anderen Ort an. Es zeigte sich nämlich, dass das Grundstück, auf dem das Schwimmbad gebaut werden sollte, nicht der ursprüngliche Ort der Einweihungsstätte war.

Durch die fortgesetzte Begegnung mit diesem Wesen konnte ich in Erfahrung bringen, dass sich unter dem Baum weitere Wesen befanden, die mit ihm in Verbindung standen. Durch das Wesen, mit dem ich bisher in Kontakt gekommen war, hatte sich mir der Zugang zu diesen Wesen, die in der Erde lebten, eröffnet. Ich sah, dass es vierundzwanzig waren, die sich unter dem Baum in einem Kreis aufhielten.

Ich konnte diese vierundzwanzig Wesen am Anfang nur undeutlich spüren. Ich erlebte an ihnen aber ganz verschiedene Qualitäten und war gespannt, sie kennenzulernen. Sie stellten Tore dar, durch die etwas sprechen und sich äußern wollte. Langsam gewann ich Zugang zu ihnen. Das bezog sich zuerst auf die ersten zwölf Wesen. Ich bemerkte einen deutlichen Unterschied zwischen dem ersten und dem zweiten Dutzend und wusste, dass ich das zweite Dutzend erst dann deutlicher schauen würde, wenn ich das erste erfasst hatte. Das Hüterwesen gab dazu die Erklärung: «Es gibt zwölf helle Seiten des Lebens, und es gibt zwölf dunkle Seiten. Dafür stehen die zweimal zwölf Wesen, die sich unter mir befinden und deren Hüter ich bin.»

Ich spürte auch, dass es zwischen den einzelnen Wesen eine fortschreitende Entwicklung gab. Ein Wesen erhebt und entwickelt sich aus dem vorhergehenden. So bekam ich den Eindruck eines Gefüges, das einer bestimmten Gesetzmäßigkeit unterliegt.

Nachdem ich einen innerlichen Bezug zu der Stätte, ihren Geheimnissen und den Wesen gewonnen hatte, begann ich mit dem Niederschreiben der Sprüche. Das Aufschreiben eines einzelnen Spruches vollzog sich jeweils sehr rasch. Später habe ich kaum noch etwas an ihnen ändern müssen. So erhielt ich die ersten dreizehn Sprüche innerhalb weniger Tage.

Ich wusste, dass ich für die restlichen Sprüche noch warten musste. Kurz danach bereiste ich mit meiner Familie Marokko. In Marakesch geschah es, dass wir in eine unübersichtliche und bedrohliche Lage kamen. Ich selber trug einen kleinen Schock davon, erholte mich jedoch rasch. Es war rückblickend gesehen keine wirklich schlimme Situation gewesen, nur sehr unangenehm. Am nächsten Morgen ging ich noch einmal an den Ort, um in einem Kaffeehaus zu lesen. Nun geschah es aber zu meiner Überraschung, dass ich die Sprüche vierzehn bis vierundzwanzig in einem Stück niederschreiben konnte. Es dauerte keine Stunde, und ich musste auch an ihnen nachträglich nichts mehr ändern.

Die Sprüche machen mit wesentlichen Kräften der Seele bekannt. Sie können deshalb für eine Seelenreise zu den Regionen des eigenen inneres Wesens benutzt werden. Die erste Hälfte der Sprüche unterscheidet sich deutlich von der zweiten. Das erste Dutzend steht im Zeichen der Selbsterkundung des Menschen und befasst sich mit der Entwicklung der Seele. Es werden Stufen dargestellt, auf denen die Seele voranschreiten kann.

Das zweite Dutzend berührt das Verhältnis des Menschen zur Erde. Dadurch stellt sich die Frage der Verwandlung des Bösen. Es ist eine der wesentlichen Fragen an den Menschen. Die Hoffnung, die ihn ermutigt, sich in Bezug auf das Böse als ein Verwandelnder zu erleben, kommt im dreizehnten Spruch zum Ausdruck. In ihm wird vom Wesen des Kindes der Erde gesprochen. Es steht für den Anteil der Erde, der bereits verwandelt ist. Von diesem Teil geht für den Menschen die Hoffnung aus, dass er die Verantwortung, die er als Bewohner der Erde hat, auch wirklich zu übernehmen vermag.

Man kann die Sprüche auf verschiedene Weise lesen. Es ist Teil der Vorbereitung, nach der Methode zu suchen, wie man sich ihnen nähern möchte. Man kann sie ihrem Wortlaut nach verstehen oder sich in sie vertiefen, indem man zwischen den Worten und Zeilen liest. Man kann sie der Reihe nach erkunden oder einen auswählen und sich eine Zeitlang mit ihm befassen, bevor man zu einem nächsten übergeht. Man kann sie auch von hinten oder von der Mitte her lesen. Man kann sie meditieren, zeichnen oder sich nach ihnen bewegen, sie tanzen. Man kann fantasievoll, nach Maßgabe der eigenen Fähigkeiten und Vorlieben, mit ihnen umgehen. Erst dann geben sie das Leben frei, das in ihnen ruht.

Die vierundzwanzig Sprüche

1

Nimm dich an
    als den der du bist
in einem alltäglichen Akt
des Jasagens zu dir selbst
deinem Weg
    deinem Dasein
        dem Gabenwesen
    das du bist
das du sein wirst
denn Vollkommenheit ist in dir
denn vollkommen bist du
denn Vollkommenheit geht aus von dir
wisse das
lebe das
nimm es an
aus den Händen
der hohen Geister der Erde

2

Bewahre was du hast
aus dem Strom des Lebens
in dem du gehst
und der dich trägt
Gehender
    Schwimmender
        Fliegender
du hast in dir
    alle Arten des Seins
        des geistigen Seins
            des seelischen Seins
                des irdischen Seins
wie Fahnen die beschrieben werden
von den Wesen
    die dir das Leben geben
sei beschreibbar
    prägbar
        wie Wasser
            wie Stoff
                wie Ton
            dann lernst du
        und die Welt lernt
    in dir durch dich
sich kennen

3

Verbinde
verquicke
verschlinge
stelle nebeneinander
ineinander
übereinander
die Dinge der Welt
die dir begegnen
die sich dir zeigen
die gesehen werden wollen
die erkundet werden wollen
vom Menschen
als einem Denkenden
und dann
lass los
verbinde dich nicht so mit den Gedanken
dass sie dich binden
bleibe Formender
bleibe Prägender
deiner Gedanken
deshalb
lass sie wieder los

4

Lass dich los
im Schlaf der Gezeiten des Geistes
liegt die Gesundung der Seele
schlafe wenn du wachst
dann kann der Geist sprechen
der Wesen der Welt
der Wesen der Erde
der Seelen der Menschen
zu dir
als einem Schlafenden
der wacht für das
was aus allem sprechend
zu ihm dringen möchte
wesend
    klingend
        tönend
            im Licht
        durchs Wasser
    aus der Erde
gehen die Worte an den Menschen
s c h l a f e i n d e i n e m G e i s t

5

Höre
die Antworten bildest nicht du
sie werden gebildet
damit du sie hörst
oder siehst
oder anderweitig erkennst
und anerkennst
dass du ein Hörender
ein Annehmender bist
der Antworten
die schon da sind
auf deine Lebensfragen
warte
warte
warte
auf die Antworten
sie wollen erwartet werden
sonst rätst du
stammelst
lässt dich verunsichern
Sicherheit aber liegt nur
im Hörenkönnen

6

Baue
baue dich auf
lass dich aufbauen
schau wie es reift
in dir
um dich
durch dich
ein neues Leben beginnt
in dir
um dich
durch dich
aufzusteigen
Raum füllend
beginnt zu wachsen
zu reifen
zu blühen
als ein Seelensein
des Außen und des Innen
es ist dasselbe
das hervorgebracht hat
was lebt
nun wirst du die Ganzheit
die du immer warst
und die neu ist
weil sie
aus dir wird

7

Vollkommenheit
ist ein Licht der Seele
das daseiend lebt
in dir
seit Anbeginn
du fängst es
es trifft dich
es ergreift dich
wie eine Mutter
die ihr Kind verloren hat
und es endlich wieder findet
in der Vielfalt des Seins
als den Keim nun
ihres eigenen Lebens
in sich

8

Harmonie ist
strömendes Leben
aus den Geistgründen der Erde
strömt es
durch die Hüllen der Erde
Lebenskeime bildend
der anschaubaren Gestalten
der Lebensformen
der Seinsstufen
des Erdenseins
die wirken allüberall
als des Menschen
Lebenshüllen
Seelenkräfte
Geistesfunken

9

Verwandle
aus deinem Höchsten
das Niedrigste
gehe
und wandle
das Dunkel
bis es leuchtend wird
aus den Kräften
die du empfängst
von den Wesen
die dir zugetan
die dich tragen
die dich führen
die deinen Geist beleben

10

Leben ist des Todes Wandlungskraft
Tod ist des Lebens Erweiterung
Leben vergeht
Tod aufersteht
eines ist des anderen
    Wachstum
        Reifung
            Blüte
im Tod blüht das Leben
im Leben reift der Tod
Wachstum ist beider Streben
so auch wächst der Mensch
  aus den Kräften des Lebens
    und des Todes
      heran
        zu sich
sein Schicksal ist der Tod
sein Ziel das Leben

11

Die Tore sind geschlossen
die nur einer öffnen kann
der höher steht als der Mensch
Christus
kann öffnen
die Tore
durch die das Böse tritt
Er steht davor
als die Kraft der Bewahrung
des Lebens vor dem Tod
als die Kraft der Durchdringung
des Lebens durch den Geist
als die Auferstehung
die Erfüllung
die Erweiterung
des Seins
der Seele
des Menschen
in Ihm wird er ganz
und kann er blicken
weil er gefeit ist
und keinen Schaden nimmt
ins Angesicht der Wesen
die im Bösen leben

12

Daseinsganzheit lebt
  in den Hüllen
    der Erde geistig
Lebensdaseinskraft wirkt
  keimerschaffend
    im Strömenden
Seelenausdruck scheint
  formbildend
    im Gestalteten
Gaben des Kosmos
sind alle drei
und leben wirken scheinen
  vereint
als ein Vermächtnis
der höchsten Geister
der Welt
  in ihm
    ihrem Sohn
dem Menschen

13

Christus lebt
im Lebenden
im Strömenden
im daseienden Licht
der Erde
in ihren Tiefen
in ihren Höhen
in ihren vielfältigen Wesen
ist Er da
die Elementarwesen tragen Ihn
als ihr Kleinod
als ihr Hoffnungslicht
und der Mensch
er lebt im Schatten
des Lichtes das sich um ihn breitet
als Sein Licht
Seine Auferstehung
Seine verwandelnde Daseinskraft
und schaut Ihn nicht
weil die Schatten
die Hoffnungslosigkeit
der Schrecken
eine deutlichere Sprache sprechen
als das Licht
das schon da ist
und leuchtet
in den Tiefen der erlösten Erde
und gehütet wird
vom Wesen des Kindes
das Ihn in sich trägt
als den ewig lebendigen
Hoffnungskeim

14

Vollkommenheit will errungen werden
der Weg geht durch Tiefen
die dunkel sind
wo das Licht verlässt den Suchenden
und er erkennt
wie er selber lichtabgewandt ist
ein Dasein mit den Schattenwesen führt
und das Böse in sich hat
und weiß
dass er sich selbst vergibt
wenn er dem Bösen vergibt

15

Die Schattenwesen
schauen zum Menschen
in sein innerstes Herz
rufend: vergib uns
unser Sein erstürbe sonst vor Gott

16

Was im Dunkeln gefangen lebt
ertötet
zerstört
schattet
lähmt
wer aufbegehrt wird selbst
sterben
zerteilt
dunkel
lahm
wenn er nicht den Weg nimmt
der durch das Dunkle führt
wähle
und
verwandle

17

Wer steht
vor dem Bösen
verwandelt
weil er trägt die Last
der Schatten
in die Leichte
seines innersten Herzen
wer steht ist leicht
wer hinschaut urteilt nicht
wer annimmt stößt nicht weg
wer die innere Freiheit sucht
befreit

18

Ich will
nicht anders sein
und anderes für mich
als die Schattenwesen
sind
ihre Qualen
sollen die meinen sein
ihr Hoffen
soll meines sein
ihr Sehnen
soll meines sein
ihr Schmutz
ihre Niedertracht
ihre Begehrlichkeit
ihre Glut
soll nicht fremd mir sein
sondern Erfahrung
und Quelle

19

Das Böse verwandeln heißt
entzaubern
Lebenskräfte
Erfahrungsschätze
Lehren
aus den Schatten
damit Quelle wird
lebende
sprudelnde
das Erstarrte
das Tote
die Gewalt
und Leben sich regt
in dem das nicht zu leben
zu quellen
zu leuchten
zu wirken
die Kraft findet

20

Wer sich nicht schmutzig macht
kann die Erde nicht wandeln
und auslösen
was sie zur Erde macht
denn was nicht Schatten wirft
  besteht nicht
im irdischen Sein
und was nicht von seiner Schattenseite
  angeschaut wird
offenbart nicht sein ganzes Sein
sondern täuscht nur
und glänzt
Täuschung ist aber schlimmer
als den Schatten zu erliegen
Täuschung ist der schlimmere Schatten

21

Verwandlung ist ein Weg
ein Weg durch Schatten
die Liebe Gottes
und der Wesen der geistigen Welt
offenbart sich im Licht
und in den Schatten
in den Schatten sogar mehr
denn sie bedeuten Schmerz für die Wesen
deshalb ist es ein Schmerzensweg
für den Menschen
das Zurückholen der Schatten
in sein Herzenslicht

22

Wer die Schmerzen der Verwandlung scheut
steht im Licht
ohne die Schatten anzunehmen
wer die Schmerzen der Verwandlung
bejaht
geht den Verzeihensweg
der die Schatten kleidet
in das Licht
das sie schuf

23

Erdulde
mit Geduld
die Ankunft des Bösen
sein Wirksamsein
kann dich lehren
zu stehen
vor dir
und der Welt
in einem Maß
das dem Geistigen
gemäß ist

24

In Gott lebt alles
im Menschen wirkt alles
durch ihn hindurch
lebt und vergeht
das Dasein
er ist
er wandelt
er atmet
er sinnt
in Gott
im Reigen der Engel
in ihrem Auferstehen

X Zu den Bildern von Franziska van der Geest

Beim Betrachten von Wasser eines Flusses, eines Sees, eines Brunnens, von Pflanzenblüten und -blättern, von Rinde, Harz, Erde, Mist, Sand, Asche, Honig oder Salz ist es Franziska van der Geest durch ihre Wahrnehmungsfähigkeit möglich, das in der Materie Lebendige zu sehen. An den Substanzen zeigen sich ihr bestimmte übersinnlich wahrnehmbare Formen und Farben. Farbstimmungen, Linien, dynamische und rhythmische Bewegungen, aber auch geometrische Muster treten in Erscheinung.

Während des Malens besteht die Arbeit von Franziska van der Geest darin, den geistigen Raum durch innere seelische Bejahung ununterbrochen aufrechtzuerhalten, durch den sich die geistige Welt zeigen kann. Jahrelang hat sie nach einer Methode gesucht, durch die sie die Elementarwesen malen konnte, ohne sie unfreiwillig an die Materie zu fesseln.

Anhand einer Landkarte ist es ihr ebenfalls möglich, die Lebendigkeit einer Landschaft zu erkennen und dadurch die Äthergeographie, die stets von den Gedanken und Taten der Menschen mit beeinflusst ist, zu schauen.

Das Malen bedeutet für Franziska van der Geest immer auch, dass sie mit den Wesenheiten, die dargestellt werden, im Gespräch steht. Diese Wesen zeigen sich manchmal nur für einen kurzen Augenblick und treten wieder in den Hintergrund, weil eine neue Wirklichkeitsebene erscheint. Doch bleiben sie im Gesamtaufbau des Bildes anwesend. Sie helfen ihr einerseits, das Bild zu verstehen, teilen ihr aber auch Botschaften mit.

Sie arbeitet gerne mit allen Naturmaterialien. Sie interessiert sich für ihre Herkunft, ihre Geschichte und die Verwandlungsprozesse, die durch sie zum Ausdruck kommen. Der Stein, der an der Mündung zu Sand geworden ist, erzählt von seinem Weg von den Bergen zum Meer. Im Wasser ist an der Mündung noch die lebendige Struktur der Quelle zu erleben. Deshalb sind die Naturmaterialen die besten Vermittler der Elementarwesen und somit der geistigen Welt und bieten viele Möglichkeiten, die Lebenszusammenhänge zu verstehen.

In einem ersten Schritt treten durch die aufgetragenen Naturmaterialien ätherische Kräfte in Erscheinung. Diese haben immer ganz verschiedene Qualitäten. Sie können kräftig, farbig, strukturiert und lichtvoll, aber auch träge, chaotisch, fest, verdunkelt und dickflüssig sein. Durch den fortschreitenden Malprozess erscheinen weitere Schichten der geistigen Wirklichkeit. So tritt die astrale Beschaffenheit der Substanz hervor, welche die Malerin ebenfalls darstellt.

Naturmaterialen sind nicht unbedingt notwendig, damit ein Bild zustande kommen kann. Die geistige Lebendigkeit eines Ortes reicht bereits, damit auf dem weißen Papier übersinnliche Formen und Farben erscheinen, die als Grundlage ihrer Bilder dienen.

Auf der Rückseite fast aller dem Buch beigelegten Karten befinden sich Texte, die dem vertieften Verständnis der Bilder dienen sollen. Sie mögen wie das Buch dazu anregen, aktiv einen Zugang zu den Elementarwesen und ihren Botschaften zu gewinnen. Bilder und Texte, Farben, Formen und Worte sollen die Möglichkeit bieten, auf eigenen Wegen sich in das Dasein dieser Wesenheiten einzuleben.

Weitere Bilder der Künstlerin sowie Informationen zu ihr sind auf ihrer Website zu finden:

http://www.artmajeur.com/desiree